Kathrin Rüegg / Werner O. Feißt

Essen wie damals

Was die Großmutter noch wußte, Band 4

Mit 87 Abbildungen von Rolf Kleinschnittger

Albert Müller Verlag
Rüschlikon-Zürich · Stuttgart · Wien

© Albert Müller Verlag AG, Rüschlikon-Zürich, 1988. – Nachdruck, auch einzelner Teile, verboten. Alle Nebenrechte vom Verlag vorbehalten, insbesondere die Übersetzungsrechte, die Filmrechte, das Abdrucksrecht für Zeitungen und Zeitschriften, das Recht zur Gestaltung und Verbreitung von gekürzten Ausgaben und Lizenzausgaben, Hörspielen, Funk- und Fernsehsendungen sowie das Recht zur photo- und klangmechanischen Wiedergabe durch jedes bekannte, aber auch durch heute noch unbekannte Verfahren. ISBN 3-275-00947-8. – 1/40-88.
Printed in Germany.

*Wir widmen dieses Buch
dem Gedächtnis unserer Mütter*

*Wo nicht anders vermerkt,
sind die Kochrezepte
immer für vier Personen angegeben*

Inhaltsverzeichnis

(Die ohne Namen aufgeführten Kapitel sind von Kathrin Rüegg)

8	Liebe Großmütter, Mütter, Töchter und Enkelinnen
10	**Beeren**
12	Ein bißchen Schlaraffenland (W. O. Feißt)
16	Die Beerengeschichte
19	Die Großmutter wußte ...
20	Beeren in Großmutters Hausapotheke
23	Beerenrezepte
32	**Blattgemüse**
34	Wie man einen Schatz gewinnt (W. O. Feißt)
38	Die Großmutter wußte ...
39	Blattgemüse in Großmutters Hausapotheke
39	Rezepte mit Blattgemüse
42	**Fisch**
44	Von den Fischen (W. O. Feißt)
51	Die Großmutter wußte ...
53	Fisch und Gesundheit
53	Fischrezepte
58	**Kaffee und Tee**
60	Der Traum, der in der Tasse duftet (W. O. Feißt)
69	Die Kaffeegeschichte
70	Kaffee – Die Großmutter wußte ...
71	Schwarztee – Die Großmutter wußte ...
72	Kaffee und Schwarztee in Großmutters Hausapotheke
73	Kaffeerezepte
76	**Käse**
78	Wenn die Milch sauer wird (W. O. Feißt)
82	Die Käsegeschichte
87	Die Großmutter wußte ...
88	Käserezepte
92	**Lamm**
94	Von den sogenannten unschuldigen Lämmern (W. O. Feißt)
100	Die Lammgeschichte
102	Die Großmutter wußte ...
103	Lammrezepte
106	**Reis**
108	Die Nahrung, die vom Himmel kommt (W. O. Feißt)
111	Die Großmutter wußte ...
112	Der Reis in Großmutters Hausapotheke
112	Reisrezepte
116	**Schwein**
118	Man ist, was man ißt (W. O. Feißt)
122	Die Großmutter wußte ...
123	Schweinefleisch und Gesundheit
123	Rezepte mit Schweinefleisch
128	**Teigwaren**
130	Was zu Feiertagen und Festen gehörte: Nudeln und Spätzle (W. O. Feißt)
135	Die Großmutter wußte ...
135	Teigwarenrezepte
140	Sind Dampfnudeln Teigwaren?

144	**Wurzelgemüse**
146	Kraft aus der Tiefe (W. O. Feißt)
150	Die Großmutter wußte...
150	Wurzelgemüse in Großmutters Hausapotheke
151	Topinambur
152	Rezepte mit Wurzelgemüse
156	**Nachwort** (W. O. Feißt)
158	Register

Literaturverzeichnis

Jean Chevalier, **Dictionnaire des Symboles,** Editions Robert Laffont, Paris 1969.
Handwörterbuch des deutschen Aberglauben, Herausgeber Hanns Bächthold-Stäubli, Walter de Gruyter 1987.
Johann Künzle, **Das große Kräuter-Heilbuch,** Otto Walter Verlag AG, Olten 1982.
Martin Lehner, **Kaffee,** AT-Verlag, Aarau 1987.
Käthi Mantzaridou, **Was vor den Festtagen so gut schmeckt,** Edition Sunnewirbeli, Baden-Baden/München 1987 (zu beziehen über Edition Sunnewirbeli, D-7560 Gaggenau 13, Marxstr. 3).
Adrian Temming-Vollers, **Das Teebuch,** Verlag C. J. Bucher GmbH, München und Luzern 1983.
Conrad G. Weber, **Brauchtum in der Schweiz,** Werner Classen Verlag, Zürich 1985.
Richard Wilford, **Gesundheit durch Heilkräuter,** Rudolf Trauner Verlag, Linz 1979.
Nicolai Worm, **Ratgeber Ernährung,** TR-Verlagsunion, München 1987.

Liebe Großmütter, Mütter, Töchter und Enkelinnen, liebe Leser,

Da sitze ich in meinem Schreibzimmer, in der Mitte die Schreibmaschine, ringsum Bücher — zum Teil darf man sagen Folianten. Bücher mit Merkzetteln drin, geordnet so gut es geht nach Themen, und auf jedem Stoß noch ein Stoß Briefe. Solche, die Sie mir geschrieben haben. Mit Rezepten, Anregungen, auch mit Fragen.

Aus all diesen Unterlagen soll mein Beitrag zum vierten Großmutterbuch entstehen: Jene Tips, die unsere Großmütter noch wußten, die uns zum Teil verlorengegangen sind; jenes Wissen, was für Heilkräfte sich in unseren gängigen Lebensmitteln verstecken, und schließlich Kochrezepte für Alltag und Feiertag. Da und dort tauchen schon jetzt, wo ich erst die Notizen der Kapitelfolge vor mir habe, Gedankenverbindungen auf.

Da dieses Buch wohl einerseits ein Sachbuch, aber andererseits ein sehr persönliches Buch werden wird, komme ich mir vor, wie wenn ich einen langen Brief an Sie alle schreiben würde – und ich freue mich auf meine Arbeit.

Nie hätte ich gedacht, wie wertvoll für mich mein Hobby werden würde: Vor bald vierzig Jahren habe ich begonnen, Kochbücher zu sammeln. In meinem Büchergestell standen schon diejenigen meiner Großmutter und meiner Mutter, später kamen dasjenige einer Großtante, dasjenige unserer bayerischen Köchin dazu. Ich stöberte in den Antiquariaten an der Basler Herbstmesse, bei den bouquinistes von Paris, in den römischen antiquariati ... Jetzt fällt es mir auf: in England habe ich nie nach Kochbüchern geschaut, vielleicht, weil ich die englische Küche mit Ausnahme einiger Gebäcke nicht sehr mag.

Wer Kochbücher sammelt, kocht auch gern.

Und ißt auch gern.

So kam es denn, daß ich Köchin aus Leidenschaft geworden bin.

Das von meiner Großtante stammende Kochbuch, herausgegeben in Zürich, datiert vom Jahr 1884. Es heißt «Das fleißige Hausmütterchen». Eine Frau Susanne Müller hat es geschrieben. Im Vorwort steht zum Schluß: «... übergeben wir diese 10. Auflage dem geneigten Publikum mit dem Wunsche, daß dadurch auf's neue in vielen Familien das echte häusliche Glück, nämlich der Sinn für Einfachheit, Sparsamkeit und Gottvertrauen unterstützt werde.»

Ich glaube, in diesem Satz steckt das, was uns alle Rezepte unserer Großmütter nicht nur schmackhaft, sondern nachahmenswert macht.

Und was das Wissen um die Heilkraft dieser Lebensmittel anbelangt: Da sehe ich vor allem meine Großmutter vor mir. Auf dem Nachttisch hatte sie stets drei Bücher: Die Bibel, ein «Buch zum Lesen», und von Pfarrer Johann Künzle «Das große Heilkräuterbuch». Hatte irgend jemand in unserm Haus irgendwelche Beschwerden, so wurde zuerst im Künzle-Buch («meiner zweiten Bibel», sagte meine Großmutter) nachgesehen. Ein krankes Tier weiß instinktiv, was ihm guttut. Uns Menschen ist dieses Wissen seit etlichen Generationen fast oder ganz verlorengegangen.

Ich folge dem Beispiel meiner Großmutter in gleich doppelter Hinsicht:

Man muß den Krankheiten wenn möglich vorbeugen, sie sicher zu heilen versuchen, bevor sie bedrohliche Formen annehmen. Zu meiner Großmutter Zeit, als Ärzte weit entfernt wohnten, es noch kein Telefon, keine Autos gab (und keine Krankenkassen!), ging man mit der Gesundheit bewußter um.
Dieses Buch soll wie unsere Fernsehserie «Was die Großmutter noch wußte» mithelfen, das Gesundheitsbewußtsein wieder zu wecken.

In diesem Sinne – leben Sie wohl und bleiben Sie gesund!

Herzlich Ihre

Kathrin Rüegg

Ein bißchen Schlaraffenland

Manchmal bleiben einem ganz banale Ereignisse in der Erinnerung, prägen sich einem ein, haben für einen einen besonderen Wert, obwohl jeder andere Mensch sagen würde: «Was soll das?».
Ein solches Minierlebnis hatte ich im vergangenen Herbst. Indem ich Ihnen etwas über die Beeren erzählen will, fällt es mir ein. Es mag schon Ende September gewesen sein. Es war einer jener sonnigen Herbsttage, die ich so sehr liebe, die mit Nebel beginnen, der bei uns von der Rheinebene hereindrängt in die Täler der Oos und der Murg, den dann die Sonne bis gegen Mittag auflöst, und die Klarheit, die am Morgen auf den Bergen war, steigt herunter in die Ebene. Gegen Abend steht die Sonne schräg, macht lange Schatten in der klaren Luft und es ist schon ein bißchen kalt. Man versteht an einem solchen Tag leicht die Zugvögel, die längst unterwegs sind nach Süden, der Sonne nach.
Ich kam vom Elsaß über den Rhein, fuhr durch Baden-Oos und dort, wo die Landstraße hinübergeht nach dem Dorf Kuppenheim und zum Schloß Favorit, verstärkte sich ein menschliches Bedürfnis zu einer Notwendigkeit. Ich fuhr in einen der Wege, die vor Zeiten im Zuge des Grünen Planes geteert und landschaftsverschandelnd für die Traktoren der Bauern gebaut wurden, und begab mich in eine Wildnis, wo ein Autowrack und Bauschutt abgelagert waren und Schutz gegen Sicht boten. Hinter diesem Platz stieg der Hang steil auf. Brombeeren wuchsen da. Gott sei Dank hatte ich ein Tüchlein bei mir für die Hände und die Hygiene, denn dieser Brombeerhang war übersät mit überreifen, kohlrabenschwarzen Brombeeren, die mir geradezu in die Hände fielen, so reif waren sie und dick und süß und von der tiefstehenden Sonne durchwärmt. Dem berühmten Mann im Schlaraffenland muß es gegangen sein wie mir an diesem Nachmittag. Es war eine Orgie in Süßigkeit und Duft und Geschmack. Ich hatte überhaupt nicht mehr gewußt, daß Brombeeren so schmecken können. Mutter hatte einen Brombeerbusch, der hatte eine doppelte Aufgabe: er wucherte am Zaun unseres Kleingartens und schützte ihn dem Weg entlang, der zwischen Kleingarten und Bach verlief, gegen jeglichen Eindringling wirkungsvoller als Stacheldraht.
Aber so süß und reif wie die Beeren dieses Nachmittags waren Mutters Brombeeren nie. Ich weiß auch nicht warum. Wahrscheinlich, weil Mutter sie irgendeinmal, wenn die meisten reif waren, alle miteinander, reif und unreif, geerntet hat, damit es sich auch lohnte, Marmelade und Saft zu machen. Brombeermarmelade ist überhaupt die allerfeinste.
Brombeersaft bekam ich, wenn ich erkältet war, vor allem aber gegen Heiserkeit. Auch gegen Durchfall habe ich den Saft gelegentlich trinken – müssen geht mir schlecht aus der Feder – dürfen muß ich schon sagen, denn Brombeersaft ist etwas Wunderbares.
Über die Brombeere kann man sich manche Gedanken machen. Wenn man einmal einen Brombeerstrauch im Garten hat, wird man ihn eigentlich nicht mehr los. Er wuchert und wächst und treibt seine langen Zweige dahin und dorthin, die schlagen ihrerseits wieder Wurzeln und entwickeln neue Brombeerpflanzen. Irgend etwas tun muß man nicht. Eines Tages blüht der Strauch, und wieder etwas später hängen dann die Beeren daran. Aber damit beginnt ein anderes Problem, denn so

ohne weiteres gibt der Brombeerstrauch seine Herrlichkeiten nicht her. Das Ernten von Brombeeren muß man mit unzähligen Schrammen und Kratzern bezahlen, die einem die Brombeeren mit ihren Dornen zufügen. Man kann regelrecht von einer Brombeerhecke gefangen werden, wenn man versucht, auf dem Weg zu den wunderbaren Beeren in den Strauch einzudringen.

Über unserem Gartentörli wölbten sich Brombeerranken. Sie hatten auf beiden Seiten Wurzeln. Wie gesagt, eine Brombeerranke bildet dort, wo sie den Boden wieder berührt, weitere Wurzeln. Mutter aber sagte, wenn man unter einer Brombeerranke hindurchgeht, die auf beiden Seiten festgewachsen ist, dann ist das der beste Schutz gegen Krankheit und Verzauberung. Sie behauptete auch, daß zwei Eheleute, die durch den Zauber einer Hexe einander entfremdet wurden, beim gemeinsamen Durchgehen unter einer solchen Ranke wieder zueinander finden.

Gibt es viele Brombeeren, so sagte meine Mutter, so gibt es auch viel Wein. Noch etwas fällt mir ein, während ich so über die Brombeere rede, die mancherorts auch Kroatzbeere heißt.

Im Krieg gab es für uns Schüler eine – uns hochwillkommene – sommerliche Tätigkeit. Wir mußten «Heilkräuter» sammeln. Dazu zog die Klasse an einem Vormittag unter Leitung des Biologielehrers in den Wald. Gesammelt wurden: Taubnessel, Johanniskraut, Schafgarbe und Brombeerblätter, vor allem Brombeerblätter. Denn, wenn Hermann Göring den Deutschen schon Kanonen statt Butter verordnet hatte, für Kaffee- und Teeimporte hatte er erst recht keine Devisen. An die Stelle des Bohnenkaffees trat der Malzkaffee, und später der aus Eicheln, und anstelle des Tees gab es Brombeerblättertee. Der hatte noch den Ruf, gesund zu sein. Tatsächlich wirkt er bei Darmentzündungen, er hat eine harntreibende Wirkung mit guten Folgen bei Gicht und Rheuma, man kann ihn zum Gurgeln und Spülen bei Angina und Zahnfleischentzündungen benutzen, und ganz objektiv betrachtet, Brombeerblättertee schmeckt noch nicht einmal schlecht. Er gehörte früher zu einer Jugendherberge wie der Schlafsack. Wahrscheinlich ist es heute noch so. Früher hat man den Absud der Brombeerblätter auch gegen Schlangenbisse verwendet. Dioscorides schreibt, daß man das dunkle Haar mit Hilfe von Brombeeren färben könnte. Ich weiß allerdings nicht, ob der nun den dunklen Brombeersaft meint oder den Absud der Blätter.

In Mutters Garten wuchsen außer den Brombeeren auch Himbeeren, Erdbeeren, rote und schwarze Johannisbeeren. Sie haben alle etwas mehr Arbeit verlangt als die Brombeeren, die ich im Herbst nur zurückschneiden mußte, allerdings unter großen Opfern an Blut und Tränen. Die Johannisbeeren mußten im Herbst verjüngt werden, die alten Äste wurden abgeschnitten, das verlangte Überlegung, die jungen Triebe gekürzt. Bei den Erdbeeren war im Frühjahr Stroh unter die grünen Beeren zu legen, damit vor allem die Schnecken nicht den Weg zu ihnen fanden und sie nicht so leicht faulten, dann mußten die Ableger abgeschnitten werden, damit die «Kraft nicht in diese ging», wie Mutter sagte. Bei den zweijährigen Himbeeren mußten im Herbst die alten, verdorrten Zweige entfernt werden, die jungen mußten angebunden werden mit Bast, an Drähte, die hinter den Himbeersträuchern gespannt waren. Wenn die Beeren reif waren, begann die Einkocherei, die ich keinesfalls liebte, weil auch hier, wie ich schon einmal bemerkt habe, die gröbere Arbeit auf mich entfiel, d.h. ich hatte die Marmelade zu rühren.

Mutter kochte Erdbeeren, Himbeeren und Brombeeren nach dem «Pfund-auf-Pfund-System» ein, 1 Pfund Beeren auf 1 Pfund Zucker bzw. jeweils das Vielfache davon, denn mit einem Pfund gab sich meine Mutter nicht ab. Irgend etwas Chemisches kam nicht hinein, aber die Marmelade mußte

gerührt werden, bis sie kalt war. Und zwar in Achterform, und das war meine Arbeit.
Schlecken durfte man auch nicht davon, «weil sonst die Marmelade schimmelt». Zum Schluß kam die Marmelade in sauber ausgewaschene, ausgebrühte Gläser, obendrauf kam ein sorgfältig rund ausgeschnittenes Stück Einmachpergamentpapier (erst später gab es die durchsichtige Folie), von der Mutter sorgfältig in Schnaps gebadet: «Wegen dem Schimmel». Zum Schluß kam dasselbe Einmachpergament über das Glas, wurde mit einer dünnen Schnur rundum festgebunden, erhielt eine Aufschrift, aus der zu entnehmen war, dies seien Erdbeeren aus dem Jahre 1937, und mit der Schere hat Mutter dann zum Schluß das Pergamentpapier zurechtgeschnitten, das feine Falten hatte wie ein Faltenrock. Das sah überhaupt sehr schön aus, gar kein Vergleich mit dem geistlosen Industrieprodukt des Cellophanpapiers oder der Schraubdeckel, die heutzutage gelegentlich mit einem Stoffmuster bedruckt werden.
Es gab noch etwas, was ähnlich schön ausschaute: der Hustensirup, den damals der Apotheker noch selber machte. Der bekam als Verschluß einen kleinen Korken und wurde mit demselben Pergamentpapier und derselben Schnur vom Apotheker verschlossen.
Wie bin ich jetzt wieder von den Beeren meiner Mutter auf die Verkaufstechniken der früheren Apotheker gekommen? Nun ja, ganz so weit entfernt ist ja zumindest der Brombeersaft nicht von der Medizin.
Ein anderer Beerensaft wurde von Mutter vor allem aus medizinischen Gründen eingemacht, das war der Holdersaft. Einen Holunderstrauch hatte Mutter nicht im Garten, aber auf dem Lorettoberg, dort wo es hinaufgeht zum Kreuzweg, stand ein herrenloser Baum. Ich nehme wenigstens an, daß er herrenlos war, und meine Mutter hat es wohl auch angenommen, denn dieser Baum war zweimal im Laufe eines Sommers das Ziel einer Unternehmung, zu der ich unsere Haushaltsleiter schultern mußte, während Mutter einen Korb und eine Schere mitnahm. Es war eine jener peinlichen Unternehmungen, die mich so kolossal genierten, wenn auch nicht ganz so arg wie das bereits zitierte Roßbollensammeln.
Wenn Mutter am Holunderbaum vorbei ging, hat sie ihn immer gegrüßt. Sie sagte: «Einen Holunderbaum muß man grüßen, so wertvoll ist er». Der Holunderbaum ist wahrscheinlich einer der ältesten Begleiter des Menschen. Man weiß, daß schon die Menschen der Jungsteinzeit seine Beeren gegessen haben. In der Antike kannte man seine Heilkraft.
Er wehrt den Hexen, glaubte man im Mittelalter. Zur Walburgisnacht steckt man Holunderzweige an die Fenster oder auf den Misthaufen, damit die Hexen keine Macht bekommen über das Haus. Wenn man in der Nacht von Gründonnerstag auf Karfreitag, Schlag 12 Uhr auf dem Friedhof einen Holunderzweig abschneidet und ihn aushöhlt, dann kann man mit ihm am Karfreitag während des Gottesdienstes die Hexen erkennen.
Im Thüringer Wald hat man früher gesagt: «Auf Johannistag blüht der Holler, da wird die Liebe noch toller». Und dort steckt man auch zu Pfingsten Holderzweige vor die Fenster unkeuscher Mädchen. Wie überhaupt der Holderbaum in Liedern und Dichtungen aus dem erotischen Bereich eine beachtliche Rolle spielt. Man könnte die Liste abergläubischer Dinge, die sich mit dem Holder verbinden, noch weit fortsetzen. Wenige Bäume und Früchte sind Gegenstand so vieler abergläubischer Beziehungen, ein Zeichen, wie lange schon die Menschen den Holderbaum schätzen und nutzen.
Gelegentlich, nicht allzuoft, unternahmen mein Vater und meine Mutter (beide waren, sagen wir ein-

mal vollschlank, und daher so ausschweifenden Dingen nicht allzu geneigt) eine Schwarzwaldwanderung. Diese Schwarzwaldwanderung führte meistens an Himbeerhängen und Heidelbeerstauden vorbei. Da es Sommer war, wenn sich meine Eltern zu einer solchen Tat hinreißen ließen, trugen die Himbeer- und Heidelbeersträucher Beeren. Daraus wurde der Entschluß meines Vaters, daß «man» in die Beeren gehen müsse. Da zu befürchten war, daß auch andere Menschen die entdeckten Beeren ernten könnten, konnte nicht bis zum darauffolgenden Wochenende gewartet werden, sondern es mußte am nächsten Tag schon sein, an dem allerdings mein Vater nicht konnte, weil er ja arbeiten gehen mußte. Das tat ihm «natürlich» sehr leid. So blieb das an meiner Mutter und mir hängen. Ich wurde ausgestattet mit einem messingfarbenen Beereneimerle, in dem ursprünglich mal Honig gewesen war. Mutter hatte zwei Milchkännle dabei (vgl. das Kapitel Milch aus dem 2. Großmutterbuch) und meistens hat meine Mutter dann noch eine ihrer Schwestern dazu gebracht, wenn es Tante Emilie war, brachte die ihrerseits meine Cousine Erika und den Vetter Roland mit, und dann war der Nachmittag gelaufen. Aus den zwei Frauen brach die ursprüngliche Sammelwut von Bergbauerntöchtern hervor, in deren Schatten wir drei einen durchaus beschaulichen Nachmittag verbringen konnten. Wir hatten zwar auch unsere Eimerle zu füllen, aber gegenüber den Sammelergebnissen von Mutter und Tante fiel gar nicht auf, daß ich nicht mehr als ½ Eimerle voll zusammen brachte. Bei Heidelbeeren macht es ja noch verhältnismäßig viel Spaß, weil man die unmittelbar essen kann. Bei den wilden Himbeeren ist es so eine Sache, die sind nämlich meistens bewohnt von kleinen weißen Würmern. Man kann sie zwar sofort in den Mund stecken, dann merkt man es nicht. Aber wenn man sie zuerst anschaut, wirds schwieriger. Aber die Marmelade aus wilden Himbeeren ist schon etwas Feines, vor allem wenn sie an Weihnachten, Ostern, zu Hochzeiten, Taufen, Erstkommunionen auf der Linzertorte erscheint. (Da streit ich mich mit den Kolleginnen, die wollen nämlich Johannisbeermarmelade dazu nehmen.)
Aus Heidelbeeren und auch fast aus den meisten anderen Beeren kann man Wein machen.
Vor dem Heidelbeerwein muß ich dringend warnen. Vor einigen Jahren bekam ich aus Anlaß meines Geburtstages eine Flasche Heidelbeerwein geschenkt. Es war ein heißer Tag, wie es halt ist, wenn man mitten im Sommer Geburtstag hat. Ich erwartete für den Abend viele Gäste und hatte entsprechende Vorbereitungen. Mein Durst war folglich groß. Der Heidelbeerwein schmeckte nicht schlecht. Ich trank ihn wohl etwas hastig. Leider habe ich von dem Geburtstagsfest jenes Jahres nur äußerst lückenhafte Erinnerungen. Auch gab es Damen aus meiner Bekanntschaft, die mein Verhalten an jenem Abend später als etwas informell bezeichneten, nicht ohne ein gewisses feines Lächeln. Und das, das muß an dem Heidelbeerwein gelegen haben. —

Die Beerengeschichte

Es ist Januar. Die Flocken wirbeln vom Himmel. Ich sitze an der Schreibmaschine, schaue ins Schneegestöber und soll über Beeren schreiben.
Beeren – Inbegriff des Sommers. Sonne, Süße, Wärme, Farbe, Saft, der vom Kinn tropft ...
Bis vor einem Jahr war das wenigstens für mich so. Nun kommt noch ein Gefühl großer Dankbarkeit gegenüber meinen Mitarbeiterinnen hinzu – . Um das zu erklären, muß ich für diejenigen Leser, die meine Tessiner Tagebücher nicht kennen, etwas ausholen:
Vor bald zwanzig Jahren habe ich das Stadtleben aufgegeben. Mit viel Schweiß und unzähligen Abenteuern entstand mein Haus im Tessin. Es liegt an einem Hang über dem Fluß und ist bloß zu Fuß erreichbar. Deshalb haben wir eine Warenseilbahn, die vom Parkplatz auf der gegenüberliegenden Flußseite zu uns hochführt.
Ende Juli 1987 waren außer meiner langjährigen Mitarbeiterin Susi noch Lisi und Sibylle da — beide, weil sie bei mir ein Praktikum absolvierten. Zudem wurde Marlene erwartet. Marlene ist unser «Chumm-mer-z'Hilf», wenn Susi und ich abwesend sind. Hilfe brauchten wir dringend, denn die Beeren wurden reif. Das heißt bei uns
Gualtieros Kulturheidelbeeren
Unsere eigenen Erdbeeren
Schwarze und rote Johannisbeeren aus Pauls biologischem Garten. (Paul hat zu jener Zeit mit seinen Erdbeerpflanzungen so viel zu tun, daß er froh ist, wenn er uns die mühsame Pflückarbeit und das Verwerten der Johannisbeeren überlassen kann.)
Was wir mit dem Beerensegen tun?
Wir haben seit zehn Jahren ein kleines Ladengeschäft, in dem wir hier produzierte Ware verkaufen. Sei das nun Wolle, Honig, Selbstgewobenes, seien das selbstgeschriebene Bücher oder eben – selbsteingekochte Konfitüren, Gelees und Liköre aus hiesigen Früchten.
Das wäre die Vorgeschichte.
Schon lange wußten Susi und ich, daß wir ausgerechnet Mitte bis Ende Juli abwesend sein würden. Erst zu Fernsehaufnahmen in Baden-Baden, dann für einen Film, der über eine Planwagenfahrt durch den Schweizer Jura berichten sollte.
Am Sonntag würden wir abreisen.
Am Donnerstag vorher begann es zu regnen.
Wir sind in bezug auf Wolkenbrüche allerhand gewöhnt – aber was da auf uns niederprasselte, das weckte sogar in mir Bedenken. Der Regen tropfte schon gar nicht mehr, auch «rinnen» wäre eine falsche Bezeichnung – auch «prasseln» wurde dem, was da auf uns niederstürzte, nicht gerecht. Das Wasser platschte wie aus Millionen von Kübeln gegossen auf uns, stundenlang, tagelang. Der Fluß, der meist gemächlich seinen Weg durch die Steine sucht, schwoll an, wurde zu einem tosenden Ungeheuer, einem Strom, der alles, was sich ihm in den Weg stellte, mitriß. Wir waren rechts eingeschlossen von einem Wildbach, der beinahe die Enten- und Gänseställe erreichte,

links von einem Wildbach, der knapp am Hühnerstall vorbeibrodelte. Die Esel und Schafe waren auf einer Weide mit Unterstand, wo sie sich frei bewegen konnten – Gott sei Dank – denn wir erreichten sie nicht mehr.
Am Samstagmorgen sah ich, daß die Seilbahnstation beim Parkplatz überschwemmt war, überlegte mir, ob es wohl besser wäre, den untern Seilbahnwagen, der aus einem längs aufgeschnittenen Ölfaß besteht, etwas hochzuziehen, weil die Wassermassen ihn sonst wegreißen könnten.
Ich war mit meinen Überlegungen soweit gediehen, als das Zugseil, ein paar Sekunden später auch das Tragseil – ein immerhin mehr als zentimeterdickes Stahlkabel – mit schlangengleich zuckenden Bewegungen zu Boden fielen. Ein mit den Wurzeln voraus im Fluß talwärts schießender Baumstamm hatte sich in den Seilen verfangen und diese glatt durchgerissen. Ade Seilbahn! Nun würden wir wieder buckeln müssen – so wie ich es in den ersten drei Jahren meines Lebens hier tat. Damals hatte ich auch den ganzen Heizölbedarf für den Winter hochgetragen – aber jetzt war ich etliche Jahre älter – und meine Hausgenossinnen waren das nicht gewöhnt. Und ausgerechnet jetzt mußten Susi und ich verreisen! Wir hatten unsere Verträge. Wir mußten gehen – da gab es nichts zu rütteln.
Telefonieren konnten wir auch nicht mehr. Der Fluß hatte auch die Strom- und Telefonleitung weggerissen. Wir hörten mittels eines Transistorradios, welche Schäden das Unwetter im Veltlin und im Puschlav verursacht hatte. Da waren auch Menschenleben zu beklagen. Über unser Mißgeschick zu jammern, hatten wir also keinen Grund.
Gegen Abend – der Regen hatte etwas nachgelassen und der Weg zu uns war wieder begehbar, kam Marlene an. Sie berichtete, daß die Straße an etlichen Stellen von Erdrutschen teilweise zugedeckt sei. Eine ganz leise innere Stimme in mir wünschte sich, daß irgendwo ein harmloser Rutsch die Straße so verschütten würde, daß wir nicht wegmußten.
Am Sonntag, dem Tag unserer Abreise, regnete es immer noch. Einen Erdrutsch, der die Straße blockierte, hatte es in der Nacht zwar gegeben – aber weiter taleinwärts.
Ich fahre immer ungern weg – aber diesmal war's am schlimmsten. Eine Mutter, die ihre Kinder in einer bedrohlichen Lage alleinlassen muß, mag so fühlen. Und nicht einmal heimtelefonieren würden wir können. Wie lange es wohl dauern würde, bis die Schäden behoben waren? Andern im Tal war es schlimmer als uns ergangen.
Zwölf Tage lang wußten wir nicht, wie es zu Hause ging. Dann endlich wurde die Telefonleitung instandgesetzt.
Es gehe ihnen allen gut, sagten Marlene, Lisi und Sibylle. Bloß von Beeren – also von Beeren würden sie für den Rest ihres Lebens niemals mehr etwas hören wollen.
«War es denn so schlimm?»
«Du wirst es dann sehen...»
«Wieviele Beeren habt ihr eingekocht?»
«Du wirst es sehen».
Ich rechnete nach, erinnerte mich an letztes Jahr. Da waren es etwa 300 Gläser gewesen.
Unsere Marmeladegläser sind in einem Schopf bei der Straße gelagert. Zucker hatten wir vielleicht noch drei, vier Kilogramm beim Haus gehabt. Die Beerenfelder waren nur zu Fuß zu erreichen – und das alles ohne Seilbahn ...

Unser erster Gang bei unserer Heimkehr führte nicht zum Haus. Wir schauten nach im Lager beim Laden. Da standen unzählige Kartons, gefüllt mit je achtundzwanzig Gläsern Konfitüre. Und da hing eine Liste, bei deren Lektüre ich leer schlucken mußte:

Heidelbeerkonfitüre	482 Gläser
Johannisbeergelee	216 Gläser
Konfitüre aus schwarzen Johannisbeeren	312 Gläser
Erdbeerkonfitüre	544 Gläser

«Und das haben die nicht nur eingekocht, sondern die Gläser hochgetragen...», sagte Susi.
«Und den Zucker hochgetragen», ergänzte ich.
«Und die Beeren gepflückt und hochgetragen», fügte sie bei.
«Und schließlich alles wieder hierher getragen", sagte ich abschließend.
Wir wurden mit Freuden empfangen. Niemand jammerte über die Riesenarbeit. Stolz waren sie allesamt. Und uns blieb nur noch übrig, eine dreifache Reihe von Flaschen zu bewundern, die sich über den ganzen Balkon hinwegzog und in denen Heidelbeer- und Likör aus schwarzen Johannisbeeren angesetzt waren.

Die ungeheure Menge von Erdbeer- und Heidelbeerkonfitüre erklärte sich daraus, daß die Straße ausgerechnet im Moment der größten Tageserträge doch noch verschüttet worden war. Zum Glück war die Stromleitung mindestens provisorisch schon einen Tag nach dem Mißgeschick wieder instandgesetzt worden. Die lieben Menschen vom Elektrizitätswerk seien sofort gekommen, als Marlene ihnen unsere Lage erklärt hatte. Bis die Seilbahn repariert werde – das dauere noch ein paar Wochen, Stahlkabel haben Lieferfristen.

Nun war ein neues Problem entstanden: wir hatten also «Landesprodukte» – aber so viele, daß ich daran zweifelte, ob wir sie alle auch wieder absetzen konnten. Ein paar schlaflose Nächte hat mich das gekostet – und dann kam ich auf eine Idee, die aus dieser Situation entstand und die ich vorher als reines Hirngespinst abgetan hätte: In Basel gibt es alljährlich während der Mustermesse eine Ausstellung, die «Natura» heißt. Das war genau der Platz, wo ich unsere Konfitüren anbieten konnte, einem Publikum, das den Wert biologisch angepflanzter Früchte – und erst noch nach Hausfrauenart konserviert – schätzte. Nie hätte ich mir träumen lassen, daß ich mich je wieder in solch ein Menschengewühl wagen würde. Ich wußte, daß wir während zehn Tagen ununterbrochen von morgens acht bis abends sechs Uhr in einer vermutlich überheizten Halle an einem winzig kleinen Stand würden ausharren müssen. Ich wußte, daß ich hundertmal täglich dieselben Antworten mit freundlichem Lächeln geben würde. Ich hoffte, daß Susi zwischendurch werde heimfahren müssen, um eine weitere Ladung Konfitüre zu holen.

Ich habe es gelernt:
Bei meiner Lebensweise stehe ich immer wieder vor völlig unerwarteten Gegebenheiten und muß versuchen, das Beste daraus zu machen. Dies ist aber sehr oft nur möglich, weil es so viele Freunde gibt, auf deren Hilfe ich zählen kann.

Die Großmutter wußte ....

— Die Wildformen von Beeren sind meist aromatischer und auch heilkräftiger als Gartenformen (Ausnahme: Himbeeren).
— Alle Beerensorten schmecken am besten, wenn man sie vollreif an einem sonnigen Tag pflückt.
— Beeren wäscht man, bevor man sie entstielt. Waschen heißt: höchstens zwei Handvoll auf einmal in ein Löcherbecken geben, mit sanftem Strahl überbrausen, dabei die Früchte im Becken hin- und herrollen lassen.
— In Deutschland und in der Schweiz die gängigsten Beerenarten:
— Die *Brombeere* (Rubus fruticosus). Die heute oft im Handel angebotenen stachellosen Brombeersorten sind weniger aromatisch als die ursprünglichen.
— Die *Erdbeere* (Fragaria). Von ihr gibt es wohl am meisten Züchtungen. Im allgemeinen sind die kleinfruchtigen Sorten aromatischer.
— Die *Heidelbeere* (Vaccinium myrtillus). Unsere Großmütter kannten die «Kulturheidelbeere» noch nicht. Sie ist eine amerikanische Blaubeerenart (Gaylussacia frondosa), die nur auf saurem Boden gedeiht.
— Die *Himbeere* (Rubus idaeus). Es gibt verschiedene Gartenformen, die eigens gezüchtet wurden, um in verschiedenen Böden zu gedeihen.
— Die rote *Johannisbeere* (Ribes rubrum),
— die schwarze *Johannisbeere* (Ribes nigrum), wird in der Schweiz «Cassis» genannt.
— die weiße *Johannisbeere* (Ribes sativum) sind wohl die ältesten kultivierten Beerenarten. Nicht umsonst gibt es dafür unzählige Konservierungsrezepte.
— Die *Stachelbeere* (Ribes grossularia) wird für Speisen, die man kocht oder backt, unreif geerntet. Zum Rohgenuß muß aber auch sie gut ausgereift sein.
— Die *Preiselbeere* (Vaccinium vitis idaea) gehört wie die Heidelbeere zu den wildwachsenden Alpenbeeren. Auch von ihr gibt es keine richtige Kulturform.
— Der rote *Holunder* (Sambucus racemosa) blüht viel zeitiger als
— der schwarze *Holunder* (Sambucus nigra). Erstere Beeren sind auch früher reif. Holunder soll generell nur gekocht genossen werden, roter Holunder nur als Gelee, da die Kerne Verdauungsstörungen verursachen können.
— Der Vollständigkeit halber seien noch die folgenden Wildbeeren erwähnt, die zu Großmutters Zeiten zu Konfitüren, Gelees, Likören und Weinen verarbeitet wurden:
— die *Berberitze* (Berberis vulgaris)
— die *Vogelbeere* (Sorbus aucuparia)
— der *Weißdorn* (Crataegus)
und von denen keine Kulturformen bestehen.

Beeren in Großmutters Hausapotheke

Ich glaube, es gibt keine andere Pflanzengattung, die sowohl als Nahrungs-, als Genuß- *und* als Heilmittel so vielseitig angewandt werden kann. Bemerkenswert scheint mir, daß die Heilkraft hauptsächlich in den Blättern, jungen Schossen (im Frühjahr zu ernten, frisch zu verwenden oder im Schatten gut zu trocknen) und in den Wurzeln (im Spätherbst zu ernten, zu zerkleinern, frisch zu verwenden oder im Schatten zu trocknen) steckt.

Wo nicht anders vermerkt, übergießt man 1 KL getrocknetes Kraut oder Wurzeln oder beides gemischt mit 1 Tasse kochendem Wasser, läßt 10 Min. ziehen, seiht ab und trinkt den Tee ungesüßt 3 × täglich vor dem Essen.

Was den medizinischen Wert der Früchte anbelangt: er liegt hauptsächlich im Gehalt an Vitaminen, Pektin und Fruchtzucker.

Ohne Zahl sind die Großmutter-Rezepte zur Herstellung von Beerenwein und -likör. Ich habe hier solche angegeben, die auch als Heilmittel verwendet werden können.

Ich möchte nachdrücklich darauf hinweisen, daß die Heilwirkung aller Pflanzen sehr davon abhängt, daß sie am genau richtigen Zeitpunkt geerntet und dann sachgemäß getrocknet werden. Auch der Standort einer Pflanze kann einen großen Einfluß haben. Wenn Sie die Kräuter in der Apotheke kaufen, haben Sie die Gewähr, daß alle diese Voraussetzungen erfüllt sind.

Und einmal mehr betone ich, daß Großmutters Hausmittel mehr vorbeugender Art sind. Keinesfalls können sie einen Arzt ersetzen. Heute sind aber Ärzte auch den althergebrachten Heilmethoden und -mitteln gegenüber wieder viel aufgeschlossener.

Brombeere *(Rubus fruticosus)*
Auch die Gartenformen der stachligen Brombeere haben Heilwirkung.
Blätter: zur Blütezeit sammeln. Man kann auch Triebspitzen und Blüten dazu nehmen.
Blähungen, Magen-Darmstörungen:
— Blättertee. Auch für Säuglinge geeignet
Blutreinigung:
— Blättertee, mit gleichviel Himbeerblättertee gemischt
Hals- und Rachenleiden:
— Gurgeln mit Blättertee
Hautausschläge:
— Blättertee trinken, auf die befallenen Hautpartien Umschläge
Nervosität:
— Vor dem Schlafengehen Blättertee trinken, frische oder eingemachte Beeren essen
Verletzungen, Wunden:
— frische, zerstoßene Blätter auflegen

Erdbeere *(Fragaria vesca)*
Die Gartenformen der Erdbeere haben keine Heilwirkung. Die nachstehend aufgeführten Rezepte gelten nur für Walderdbeeren.
Blätter: im Mai/Juni sammeln, im Schatten trocknen. Um ihn zu aromatisieren, kann man 9 Teilen Erdbeerblättertee 1 Teil getrockneten Waldmeister beigeben.
Wurzeln: im Herbst sammeln.
Akne:
— Blättertee trinken, die befallenen Stellen mehrmals täglich mit Tee betupfen
Blutreinigung:
— Blättertee, zu gleichen Teilen gemischt mit Brennessel- und Birkenblättern
Harnverhalten:
— frischer oder konservierter Beerensaft

Leber- und Gallebeschwerden:
— Blätter- und Wurzeltee
Magen-Darmbeschwerden, besonders Durchfall:
— Blätter- und/oder Wurzeltee
Nasenbluten:
— Wurzeltee
Rekonvaleszenz:
— Erdbeerkur: täglich 500 g frische Beeren vor dem Essen
Rheuma, Gicht:
— frische oder konservierte Beeren
Zahnweh:
— einige frische Blätter zerkauen, Brei zwischen schmerzendem Zahn und Gaumen behalten, lindert akute Schmerzen (ersetzt aber den Zahnarzt nicht!)
Achtung: Alle Teile der Erdbeere können Nesselfieber verursachen. Pfarrer Künzle schreibt, dies sei eine «starke Ableitung verhockter Stoffe durch die Haut. Einige Heublumenbäder würden diese innere Revolution noch unterstützen».

Heidelbeere *(Vaccinium myrtillus)*
Blätter: unbedingt *vor* der Beerenreife pflücken, im Schatten trocknen
Beeren: vollreife Beeren im Schatten trocknen
Bronchitis:
— Heidelbeersaft mit Honig
Diabetes:
— Blättertee, der aber zu gleichen Teilen gemischt ist mit Brombeer-, Fingerkraut- und Holunderblättern. 1 EL Tee mit kochendem Wasser übergießen, 10 Min. ziehen lassen, abseihen, ungesüßt schluckweise trinken. 3 mal täglich eine jeweils frisch aufgegossene Tasse trinken. Je 1 Std. vor und nach den Mahlzeiten nichts trinken. Achtung: die ärztliche Kontrolle muß trotzdem genaustens durchgeführt werden!

Durchfall:
— mehrmals täglich 1 EL getrocknete Beeren essen
Haarausfall:
— Blättertee. Tägl. 1–2mal die Kopfhaut damit gut benetzen
Keuchhusten:
— Tee aus Blättern und Beeren zu gleichen Teilen
Mundgeruch, Zahnfleischentzündungen:
— frischen Beerensaft möglichst lange im Mund behalten
Rachen- und Kehlkopfschmerzen:
— mit frischem Saft gurgeln
Verdauungsstörungen:
— mehrmals täglich eine Handvoll frische Beeren essen

Himbeere *(Rubus idaeus)*
Im Gegensatz zur Erdbeere sind hier auch die Gartenformen heilkräftig.
Blätter: zur Blütezeit sammeln. Man kann auch Triebspitzen und Blüten dazu nehmen.
Augenentzündungen:
— getrocknete Blüten zerreiben, mit Honig vermengen, um das entzündete Auge auftragen
Blutreinigung:
— Blättertee, mit gleichviel Brombeerblättertee gemischt
Diabetes:
— Himbeeren enthalten Fruchtzucker, sie dürfen also von Diabetikern gegessen werden
Fieber, Husten:
— Blättertee, den man 10 Min. ziehen läßt
Gallenbeschwerden:
— viele Himbeeren essen
Hautausschläge:
— Blättertee trinken, auf die befallenen Hautpartien Umschläge

Schwangerschaft:
— Blättertee stärkt den gesamten Gebärbereich. Wird er während der Schwangerschaft regelmäßig getrunken, so erleichtert er die Geburt. Dasselbe gilt für Säugetiere.

Holunder *(Sambucus nigra)*
«Hut herunter vorm Holunder!» Eine ganze Apotheke birgt sich im Holunderbusch. Wurzeln, Blätter, Blüten, Beeren: alle Teile sind heilkräftig. Bei Ausgrabungen aus der Steinzeit fand man Reste von Holunderpflanzen. Vielleicht haben schon jene Menschen von ihren heilenden Geheimnissen gewußt. In der Mythologie spielt die Pflanze eine große Rolle. Griechische und römische Ärzte notierten Rezepte. Eigenartig ist, daß Hildegard von Bingen, die große Heilkundige des frühen Mittelalters, sagt, «der Holunder eigne sich für menschlichen Gebrauch wenig». Mag sein, daß ihr der Holunder, genau wie die Mistel, die sie – in der mir zugänglichen Literatur wenigstens – überhaupt nicht erwähnt, zu sehr mit heidnischen Gebräuchen belastet schien.
Blätter und *Schößlinge* im April/Mai sammeln. (Der Tee wird kalt aufgesetzt und ca. 10 Min. gekocht, dann abgeseiht. Er läßt sich kühl einige Tage aufbewahren.) Im Schatten trocknen.
Blüten, sobald sie voll erblüht sind, bei möglichst sonnigem Wetter im Schatten trocknen.
Wurzeln am besten im Spätherbst ausgraben, zerkleinern, im Schatten trocknen.
Beeren wenn sie gut ausgereift sind. Beeren und deren Produkte sollten nur in gekochtem Zustand genossen werden (Roh schmecken sie auch gar nicht gut). Pfarrer Künzle empfiehlt aber für einige Indikationen getrocknete Holunderbeeren.
Augenentzündungen:
— Holunderblüten in Milch kochen, in ein Leinentuch binden, auflegen

Brandwunden:
— frische zerquetschte Blätter mit etwas Milch zu einem Brei kochen, abkühlen lassen, auflegen, mehrmals täglich wechseln
Durchfall:
— getrocknete Holunderbeeren
zur Entschlackung, Entwässerung:
— Holunderwurzeln, kleingeschnitten, in Rotwein 10 Min. kochen. Nüchtern 3 mal täglich 1 EL
Grippe, Erkältung, Rheuma:
— Holunderblütentee
Hämorrhoiden:
— siehe Brandwunden
nervöse Herzbeschwerden:
— Holundermus, -saft oder -wein, am Abend einnehmen
Hundebisse:
— frische, zerquetschte Holunderblätter mit frischem Eiweiß verrühren, als Pflaster auflegen
Husten, Erkältungen:
— Holundersaft, mit heißem Wasser verdünnt, so heiß wie möglich getrunken
Ohrenweh:
— Blütentee, lauwarm ins Ohr träufeln
Schlaflosigkeit:
— Holundermus, -Saft oder -Wein, am Abend einnehmen
Umlauf:
— frische, zerquetschte Blätter auflegen, 2 mal täglich wechseln

Schwarze Johannisbeere *(Ribes nigrum)*
Blätter: Junge Blätter ohne Stengel. Achtung: Nur Blätter verwenden, die nicht vom Pilz befallen sind! Am Schatten trocknen.
Arterienverkalkung:
— Blättertee
Gicht, Rheuma:
— Blättertee

Halsschmerzen:
— Saft, mit heißem Wasser verdünnt
Herzbeschwerden:
— Blättertee
Keuchhusten:
— Saft, mit heißem Wasser verdünnt, Blättertee mit Honig
Kolikschmerzen:
— Cassis in Grappa (siehe S. 30.)
Kopfweh, Migräne:
— Cassis in Grappa (siehe S. 30.)
Magen-Darmbeschwerden:
— Blättertee
Nieren-Blasenleiden:
— Saft, Blättertee

Preiselbeere *(Vaccinium vitis idaea)*
Blätter: erst *nach* der Fruchtreife sammeln. Vorsicht: Verwechslungsgefahr mit Bärentraube. Preiselbeerblätter sind auf der Unterseite immer braun punktiert.
Appetitlosigkeit:
— mit Zucker 1:1 eingekochte Beeren
Blasenerkrankungen:
— Blättertee
Durchfall:
— frische Beeren
Gicht, Rheuma:
— Blättertee

Beerenrezepte

Linzertorte

In einem Kapitel über Beeren darf die Linzertorte nicht fehlen. Aber hier das «einzig wahre und echte» Rezept herauszupicken, ist schwer. Bei kaum einem andern Rezept gibt es so unendliche Varianten. Und jede Großmutter schwört, ihres sei das allerbeste. Da können sozusagen Weltanschauungen aufeinander prallen, ob man die Torte nur mit Johannis- oder nur mit Himbeerkonfitüre füllen darf oder nur mit einer Mischung der beiden Beerenarten, oder ob man die Johannisbeerkonfitüre durch Mandelcreme ersetzen soll, ob es besser sei, die Mandeln ganz fein, fein oder grob zu mahlen oder von Hand zu hacken ...

Es gibt auch Sparrezepte für die Linzertorte. Da wird die Nußzugabe ersetzt durch geriebenes, altbackenes Brot.

Bei zwei Hinweisen gleichen sich aber alle Rezepte: Man sollte gleich zwei Torten auf einmal

backen – dafür braucht man nicht mehr Strom als für eine. Linzertorte schmeckt nach zwei bis drei Tagen besser als ganz frisch. Zudem läßt sie sich lange aufbewahren.

Teig

> 150 g Butter
> 250 g Zucker
> 2 Eier
> 1 Prise Salz
> 1 Msp. Zimt
> 1 Msp. Nelkenpulver
> 300 g Weißmehl
> 300 g ungeschälte, geriebene Mandeln
> 3 EL Mehl
> Kirschwasser nach Belieben

Belag:

> je 2 Tassen Johannis- und Himbeerkonfitüre
> 1 Eigelb

Die zimmerwarme Butter schaumig rühren, Zucker und Eier beigeben, 10 Min. rühren. Die Zutaten in der angegebenen Reihenfolge beigeben, das Mehl sieben. Die Hälfte des Teiges nochmals teilen, auf dem Boden zweier gefetteter Springformen ausstreichen. Den Rest des Teiges mit der zweiten Mehlmenge mischen, in vier gleichgroße Teile teilen. Aus zwei Teilen je eine Rolle formen, diese als Rand ringsum über den Boden drücken. Die Konfitürenfüllung über den Boden verteilen. Die restlichen beiden Teigstücke ca. ½ cm dick auswallen, mit dem Teigrad 1 cm breite Streifen ausschneiden, diese gitterförmig über den Kuchen legen. An Weihnachten kann man die Dekoration auch mit ausgestochenen Sternen, an Geburtstagen mit ausgestochenen Herzen machen. Die fertig dekorierte Torte mit Eigelb bestreichen, auf 175° etwa eine Stunde backen.

Durststillender Beerenblättertee

> 10 Teile Walderdbeerblätter
> 5 Teile Himbeerblätter
> 5 Teile Brombeerblätter

«Schwarztee» aus Beerenblättern

Man sammelt – sobald die jungen Blätter voll entwickelt sind – Himbeer- und Brombeerblätter, legt sie im Schatten zum Trocknen aus. Man nimmt

> 3 Teile Himbeerblätter und
> 1 Teil Brombeerblätter

Sobald die Blätter etwas welk sind, zerdrückt man sie, feuchtet sie mit lauwarmem Wasser an, legt sie in ein Gazetuch eingewickelt an einen warmen Ort. Nach drei bis vier Tagen (die Blätter haben – wie orientalischer Schwarztee, siehe Seite 68, fermentiert) breitet man sie wieder aus und trocknet sie gut. Man bewahrt sie in einem gut schließenden Glas (nicht Metallgefäß) auf.
Zubereitung des Tees wie Schwarztee.

Erdbeerkonfitüre Großmutterart

> 1 kg gartenfrische Erdbeeren
> 1 kg Zucker
> 2 EL Apfelpektin
> Saft und
> mit dem Sparschäler abgeschälte Streifen einer Zitronenschale

Die Erdbeeren waschen, entstielen, in gleichmäßige Schnitze schneiden, Zucker mit dem Pektin gut vermengen, die Erdbeeren beigeben, wiederum gut mischen, über Nacht stehen lassen. Den entstandenen Saft abseihen, mit dem Zitronensaft und der Schale 4 Min. sprudelnd kochen, die Erdbeeren beigeben, 2. Min. weiterkochen, Zitronenschale entfernen, heiß in ganz saubere Gläser abfüllen, sofort verschließen, in Decken gehüllt (damit die Konfitüre möglichst lange warm bleibt) abkühlen lassen. Wegen der kurzen Kochdauer der Erdbeeren ist die Konfitüre schimmelanfälliger. Oft kontrollieren. Angebrochene Gläser im Kühlschrank aufbewahren.

Likör aus schwarzen Johannisbeeren

> 200 g Kandiszucker
> ½ Vanillestengel, aufgeschlitzt
> 3 Tassen erntefrische, gewaschene Beeren
> 1 Handvoll getrocknete Johannisbeerblüten
> 7 dl Grappa

Die Zutaten in eine helle Literflasche füllen, gut verschließen, 4 Wochen an der Sonne stehen lassen, täglich gut schütteln. Dann abseihen, in gut verschließbare Fläschchen füllen, bis zu Weihnachten lagern.

Holunder-Sirup

Die gut reifen, gewaschenen Beeren mit kaltem Wasser bedeckt aufkochen, köcheln lassen, bis sie platzen. Über Nacht beiseite stellen. Einen Hocker mit den Beinen nach oben auf einen Tisch stellen. Eine möglichst große Schüssel auf den (nun umgekehrten) Sitz stellen, darüber an den vier Stuhlbeinen ein Gazetuch so anbinden, daß es den obern Schüsselrand nicht ganz berührt. Die Beeren mit dem Saft hineinschütten, gut abtropfen lassen. Legt man Wert darauf, daß der Sirup ganz klar wird, so darf man die Beerenrückstände nicht ausdrücken. Sparsame Hausfrauen wie ich ziehen größeren Ertrag vor.

> 4,5 l Saft
> 2 kg Zucker
>   die mit dem Sparschäler abgeschälte Schale einer Zitrone
> 1 Vanillestengel, aufgeschlitzt

Aufkochen, sofort in heiß ausgespülte Flaschen füllen, verkorken, kühl und dunkel lagern.
Falls man den Sirup als Hustenmedizin verwenden will, läßt man die Zitronenschale und den Vanillestengel weg.
Der Sirup wird bei Husten wie folgt verabreicht; 2 EL Sirup werden in ein Glas gegeben, mit möglichst heißem Wasser verdünnt und sofort getrunken. Darf 3–4mal täglich verabreicht werden.

Holunder-Konfitüre

1 kg Holunderbeeren ohne Stiele
1 kg Zucker oder – besser – Bienenhonig

Zutaten mischen, zum Kochen bringen, 10 Min. köcheln, heiß abfüllen, verschließen.

Holundergelee

Die gut reifen, gewaschenen Holunderbeeren mit kaltem Wasser bedeckt aufkochen, köcheln lassen, bis sie platzen. Über Nacht beiseite stellen. Durch ein Tuch abtropfen lassen.

1 l Saft
1 kg Zucker
1 EL Apfelpektin

Zucker und Pektin gut verrühren, den Saft beigeben, unter ständigem Rühren zum Kochen bringen, 4 Min. sprudelnd kochen, heiß abfüllen, sofort verschließen. Wer den etwas strengen Geschmack von Holunder allein nicht mag, versuche ein Gemisch von halb Holunder, halb Erdbeernektar.
Dieses Rezept ist auch geeignet für roten Holunder *(Sambucus racemosa)*.

Beerenwein (geeignet für Brombeeren, schwarze Johannisbeeren, Holunder)

Wenn man schon nicht in einer Weinbaugegend wohnt: Wein aus Beeren, am liebsten solchen aus dem eigenen Garten, ist schon etwas Schönes. Dem Brombeer- und dem Heidelbeerwein werden zudem medizinische Wirkungen zugeschrieben.

Was man für die Weinherstellung unbedingt braucht, ist eine Korbflasche mit einem Gäraufsatz. Dieser besteht aus einem S-förmig gebogenen Glasrohr, das in einem gut an die Öffnung der Korbflasche angepaßten Korken steckt, sowie einem Hebeschlauch zum Umfüllen des Weines. Landwirtschaftliche Genossenschafts-Verkaufsstellen oder Winzerspezialgeschäfte führen diese Hilfsmittel.

Weiter muß man sich merken, daß der Saft bei keinem Arbeitsprozeß in Kontakt mit Metall kommen darf (also keine metallenen Trichter, Schöpfkellen etc. verwenden!)

> 7 l frisches Wasser
> 2 kg Zucker
> 3 kg erntefrische Beeren (schwarze Johannisbeeren, Holunder ohne Stiele), gewaschen
> 20 g Hefe (ebenfalls im Winzergeschäft erhältlich

Emaillierter Kochtopf mit Deckel
Korbflasche mit Gäraufsatz (siehe oben)
Hebeschlauch

Man füllt das Wasser und den Zucker in den Kochtopf, läßt es aufwallen, auskühlen, gibt die zerdrückten Beeren bei und erhitzt alles nochmals bis kurz vor den Siedepunkt. Nicht mehr kochen! Zugedeckt abkühlen lassen, die fein zerbröselte Hefe dazugeben, gut verrühren, in die ganz saubere, noch mehrmals heiß ausgespülte Korbflasche abfüllen.

Das Gärrohr aufsetzen, das «Knie» des Rohrs mit Wasser füllen, die Rohröffnung mit einem Stück Gaze bedecken und mit einer Schnur festbinden. Falls das Rohr nicht ganz dicht an den Korken anschließt, mit Kerzenwachs abdichten. Das Wasser erlaubt einerseits das Austreten der sich entwickelnden Kohlensäure, verhindert andererseits das Eindringen von Essigbakterien. Das Gazestück verhindert den Zutritt von Insekten.

Unser Wein sollte nun in einer Raumtemperatur von ca. 20° gären dürfen. Wasserstand im «Knie» kontrollieren, evtl. nachfüllen. Wenn der Wein klar geworden ist, zieht man ihn mittels eines Hebeschlauchs sorgfältig ab und füllt ihn in ganz saubere Flaschen, die man verkorkt und dann im kühlen Keller liegend aufbewahrt. Sparsame Hausfrauen verfahren mit dem Rückstand nochmals genau gleich wie mit frischen Beeren, fügen aber diesmal dem Wasser 4 kg Zucker bei. Es entsteht ein leichterer Wein, der keine Heilkraft mehr hat und nach etwa halbjähriger Lagerung getrunken werden soll, während der erste Wein durch mehrjährige Lagerung noch schmackhafter wird.

Johannisbeerwein (aus roten Johannisbeeren)

Gleiches Verfahren wie Beerenwein, jedoch anderes Zutatenverhältnis:

> 1 kg erntefrische abgestielte Johannisbeeren
> 2 l Wasser
> 2 kg Zucker
> 3 Zimtstangen
> 4 EL feingeschnittene Pfefferminzblätter

Erdbeerschaum

600 g Erdbeeren (am besten sind Walderdbeeren)
2–3 EL Zucker
1 EL Zitronensaft
1 Handvoll Mandeln
4 Blätter Gelatine
3 EL warmes Wasser
2 dl Schlagsahne
1 EL Puderzucker

Die Erdbeeren waschen, entstielen, durch ein Sieb streichen, mit dem Zucker und Zitronensaft vermischen. Die Mandeln mit kochendem Wasser übergießen, 10 Min. stehen lassen, schälen, mahlen (in meinem Rezept heißt es «mit dem Mörser zerstoßen»). Die Gelatine im Wasser auflösen. Beides unter die Erdbeermasse ziehen. Die mit dem Zucker steifgeschlagene Sahne ebenfalls beigeben, in eine mit kaltem Wasser ausgespülte Form gießen, über Nacht im Kühlschrank fest werden lassen. Vor dem Servieren die Form einen Moment ins heiße Wasser tauchen, stürzen, mit einigen schönen Erdbeeren garnieren.

Erdbeer-Baiser

750 g Erdbeeren
3 EL Zucker
abgeriebene Schale und Saft einer Zitrone
3 EL Grand Marnier oder Napoléon à l'Orange
1 EL durch ein Sieb geriebener Puderzucker
3 Eiweiß
½ KL Zitronensaft

Die Erdbeeren waschen, auf einem Küchentuch trocknen, entstielen. So wird jeder Saftverlust vermieden. 2 EL Zucker mit der Zitronenschale, und dem Grand Marnier vermischen. Die Erdbeeren in eine tiefe Schüssel geben, mit der Marinade übergießen. Im Kühlschrank 1 Stunde lang ziehen lassen.
Die Eiweiß mit dem Zitronensaft, dem restlichen Grießzucker ganz steif schlagen.
Die Beeren in eine leicht bebutterte Auflaufform geben, mit den Eischnee-Häufchen bedecken, mit dem Puderzucker überstreuen, und im auf 150° vorgeheizten Ofen 10 Min. backen. Während dieser Zeit den Ofen nicht öffnen. Die Spitzen der Häufchen müssen hellbraun sein.

Himbeer- oder Erdbeerkonfitüre

Urgroßmutter-Kochrezepte schreiben vor, die Beeren Pfund auf Pfund mit Zucker «zum Faden» zu kochen. Das bedingt eine Kochzeit von etwa einer halben Stunde. Das Resultat: eine Konfitüre, die zwar haltbar ist, aber farblich eher einer Teerpaste gleicht. Auch der Beerengeschmack ist sozusagen «totgekocht». Man soll auch beim Kochen nicht stur sein und in diesem Falle eher folgendes Rezept anwenden.

1 kg Beeren
700 g Zucker
2 EL Zitronensaft
1 EL Apfelpektin

Die Beeren waschen, entstielen, in einem großen Kochtopf mit dem Zucker, dem Zitronensaft und dem Pektin vermischen, aufkochen, 4 Min. sprudelnd kochen lassen, sofort in heiß ausgespülte Gläser füllen, verschließen, diese auf dem Kopf stehend abkühlen lassen.
Ist der Anfall von Beeren so groß, daß man kaum mehr Zeit hat, sie auf diese Weise einzukochen, gibt man alle Zutaten in einen Mixer, mischt bei kleiner Drehzahl während zehn Minuten, füllt in Gläser ab, die man tiefkühlt.

Aufgetaute Marmelade hält sich – verschlossen und im Kühlschrank aufbewahrt – während vierzehn Tagen. Sie kann aber auch während vier Minuten sprudelnd gekocht endgültig konserviert werden.

Beerentraum – halbgefroren

3 EL Mehl
3 EL Zucker
3 EL Butter
½ l Milch
4 Eigelb
1 Vanillestengel aufgeschlitzt
abgeriebene Schale einer halben Zitrone
je 200 g Erdbeeren
Himbeeren
Heidelbeeren
1 Banane
1 Pfirsich
4 Eiweiß
1 Prise Salz
2 EL Puderzucker

Mehl, Zucker, Butter, Vanillestengel, Zitronenschale und Milch aufkochen, über die gut zerklopften Eigelb gießen, alles nochmals zurück in die Pfanne geben, zum Siedepunkt bringen, in eine Auflaufform geben. Die Beeren waschen, die Früchte schälen, fein zerschneiden, vermischen, über die Creme geben. Die Eiweiß mit dem Salz und dem Puderzucker steif schlagen, löffelweise auf die Fruchtmasse geben, im auf 200° vorgeheizten Ofen 5 Min. überbacken (bis die Eiweißspitzen sich goldbraun gefärbt haben). Abkühlen lassen, über Nacht in den Kühlschrank stellen.

Himbeerauflauf

(Niemand hindert einen daran, dasselbe Rezept mit einer anderen Beerensorte oder andern Früchten – Kirschen, Birnen, Pflaumen – zu probieren).

1½ dl Milch
1 Ei
1 Prise Salz
3 EL Zucker
250 g Mehl
½ Päckchen Backpulver
500 g Himbeeren
1 KL Butter zum Bestreichen der Form
3 EL Puderzucker

Die Milch aufkochen, abkühlen (entfällt, wenn man pasteurisierte Milch verwendet). Das Mehl sieben, mit dem Salz und dem Zucker vermischen, Milch nach und nach zugeben, Ei und zuletzt das Backpulver und die gewaschenen Himbeeren darunterziehen. Den Teig in eine gefettete Auflaufform füllen und im auf 175° vorgeheizten Backofen ¼ Std. backen. Mit Puderzucker bestreut servieren.

Walderdbeer-Aroma

500 g reife Walderdbeeren oder möglichst aromatische Gartenerdbeeren
½ l Alkohol 90°

Die Früchte waschen, auf einem Küchentuch trocknen, entstielen. In eine weithalsige Flasche geben, mit dem Alkohol übergießen, verschließen, 15 Tage an der Sonne oder an einem warmen Ort stehen lassen, abseihen, in möglichst kleine, gut verschließbare Gefäße abfüllen. Man verwendet das Aroma zum Parfümieren von Torten, Eiscremen, Fruchtsalat. Einmal geöffnet, muß der Inhalt eines Gefäßes sofort verwendet werden, da sich das Aroma sonst verflüchtigt.

Johannisbeertorte

Teig:

- 300 g Weißmehl
- 150 g Butter
- 3 – 4 EL herber Weißwein oder Wasser
- 4 EL Zucker
- 2 Eigelb (Eiweiß für Meringuemasse)
- die abgeriebene Schale einer Zitrone
- 1 Prise Salz

Füllung:

- 1 KL Butter und 1 EL Mehl zum Einfetten und Bemehlen der Form
- 2 Handvoll Mandeln
- 1 EL Puderzucker
- 1 Eigelb
- 4 EL frische Sahne
- 4 EL Johannisbeergelee
- 300 g frische oder tiefgekühlte Johannisbeeren

Meringue:

- 3 Eiweiß
- 1 EL kaltes Wasser
- 1 Prise Salz
- 1 EL Puderzucker

Das Mehl auf den Tisch sieben, in der Mitte eine Vertiefung machen, die Butter in Flöckchen geschnitten hineingeben, den Wein und/oder das Wasser darüber verteilen, dann die restlichen Zutaten beifügen, rasch zu einem glatten Teig kneten. Falls es zu trocken ist, noch etwas Wasser oder Weißwein dazugeben. Den Teig zu einer Kugel formen, diese in ein Pergament- oder sonst ein beöltes Papier geben, einige Stunden kühl stellen.

Eine Springform bebuttern und bemehlen, den Teig hineindrücken.

Die Mandeln mit kochendem Wasser übergießen, 10 Min. stehen lassen, schälen, reiben. Vermengen mit dem Zucker, der Sahne und dem Eigelb. Auf den Teig gießen, das Johannisbeergelee darübergeben. Im auf 175° vorgeheizten Ofen ca. 30 Min. backen. Die gewaschenen, entstielten Beeren daraufschütten, die Eiweißmasse löffelweise als Abschluß so darübergeben, daß Spitzen abstehen. Nochmals 10 Min. backen. Sofort aus der Form nehmen, auf einem Gitter abkühlen lassen.

Gegen Kopfweh:
Cassis in Grappa

Man fülle ein gut verschließbares (Schraubdeckel!) ½-Liter-Glas mit schönen, gewaschenen schwarzen Johannisbeeren, gieße soviel guten Grappa darüber, daß die Beeren bedeckt sind, verschließe mit dem Deckel.
Ein Kaffeelöffel davon, also Schnaps und Beeren, anstelle einer Kopfwehtablette genommen, hilft diesem unangenehmen Übel ab. Sogar Migräne kann, sofern man die Medizin sofort beim Beginn der Symptome einnimmt, damit bekämpft werden.
Das wäre das Rezept für eine wirksame Medizin. Ich habe viele Kunden, die sich bei mir alljährlich damit eindecken, weil es ihnen tatsächlich hilft.
Ich selbst leide gottlob nie unter Kopfschmerzen, genieße Cassis in Grappa aber, indem ich über eine Kugel Vanilleglace ebenfalls einen Kaffeelöffel davon gieße. Erstens schmeckt es gut, zweitens hilft dieses Dessert, eine üppige Mahlzeit zu verdauen.

Auch eine Idee, mit frischen Beeren in einer geöffneten Melone ein fantasievolles Sommer-Dessert zu kreieren. Kühl stellen!

Wie man einen Schatz gewinnt

Wenn man 10 Jahre alt ist, hat man viele Wünsche. Als ich 10 Jahre alt war, hat es viele Dinge noch gar nicht gegeben, von denen heute die Buben träumen, und andererseits ist das, wovon ich träumte, sicher für die allermeisten der heutigen Zehnjährigen Selbstverständlichkeit. Ich habe von solchen Dingen geträumt wie Haverlschuhen mit Bergsteigernägeln beschlagen und von einer kurzen Lederhose und von einem Roller mit Ballonreifen und von Rollschuhen, und der höchste der Träume war eine elektrische Eisenbahn. Mein Vater hat etwas über 200 Mark im Monat verdient. Da war kein Spielraum für solche Wünsche, obwohl natürlich 100 Mark in den 30er Jahren an Kaufkraft mit 100 Mark unseres heutigen Geldes nicht zu vergleichen waren. So blieb mir viel Stoff zum Träumen. Und ein beliebtes Spiel für mich war, mir auszumalen, wie es wäre, wenn ich einen Schatz finden würde. Manchmal ging mein Vater mit mir am Sonntagmorgen auf die Zähringer Burg oder auf die Schneeburg auf dem Schönberg. Und wenn wir dann über die Mauerreste kletterten, erzählte er mir von den Rittern, die da gewohnt hatten, von ihrem Raubrittertum und von den Schätzen, die sie in dunklen Burgverliesen angesammelt hatten, von goldenem Geschmeide (was für ein schöner Begriff ist doch das Wort «Geschmeide», so schön kann überhaupt kein Schmuck dieser Erde sein, daß er den Vorstellungen gerecht werden kann, die man bei dem Wort «Geschmeide» hat!). Und ich stellte mir vor, wie ich mit Schaufel und Hacke auf der Zähringer Burg graben würde und ich würde eine riesige Kiste finden mit «Geschmeide», und dann wären wir reich und ich würde eine wunderschöne elektrische Eisenbahn haben und dann bräuchte der Vater nicht mehr arbeiten und wir könnten zu den besten Ärzten gehen und die würden ihn wieder gesund machen und wir könnten überhaupt fort in ein anderes Land gehen, wo sich der Vater nicht so viel ärgern müßte über die Partei und das, was in Deutschland geschah, und die Mutter müßte nicht mehr so viele Sorgen haben und müßte nicht mehr für andere Leute arbeiten. Es war ein beliebtes Spiel für mich, mir auszudenken, wie es sein würde, wenn ich einen Schatz fände. Es war dasselbe, wie wenn heute die Zehnjährigen aller Altersstufen vom großen Lottogewinn träumen. Schließlich ist ein Sechser im Lotto nur um ein Geringes wahrscheinlicher als das Finden eines Schatzes.
«Weißt Du», sagte eines Tages meine Mutter, «um einen Schatz zu gewinnen, gibt es eine ganz einfache Methode. Man nimmt einen Spaten, geht in den Garten, gräbt ihn von vorn bis hinten durch, wirft alle Steine und Wurzeln heraus und alles Unkraut, ebnet die Oberfläche mit einem Rechen sorgfältig ein, streut Zauberkörner aus, und schon kommt das Gold, das in der Erde ist, heraus.»
«Was für Zauberkörner», fragte ich neugierig. Das mit dem Umgraben des Gartens, das kannte ich schon, das hieß mich die Mutter jeden Herbst und jedes Frühjahr machen. Und ich machte es nicht gerade mit Begeisterung. Aber das mit den Zauberkörnern, das hatte sie mir noch nie gesagt.
«Gemüsesamen, du Dummerle», sagte sie, «wenn der Samen aufgeht und das Gemüse wächst, dann gewinnst du einen Schatz.» Wie recht die Mutter hatte. Von ihrem Kleingarten habe ich schon an anderer Stelle erzählt, und wie sie mit seiner Hilfe trotz schmalem Haushaltsgeldbeutel uns mit

den herrlichsten Sachen versorgte und in den schlimmen Zeiten des Krieges und der Nachkriegszeit den Hunger von uns fernhielt.
Sie hat auch immer etwas von der Ernte verkauft. Insofern war das mit dem Schatz sogar wörtlich zu verstehen. Mir war das Ganze zu prosaisch. Ich mußte halt jeden Tag mit der Mutter in den Garten, und sie hatte immer Aufgaben für mich, die schlicht Arbeit waren und anstrengend oder für mich peinlich, z. B. wenn ich im Herbst mit Mutters Leiterwägele Blätter sammeln mußte, oder wenn sie mich zum «Roßbollen»-Sammeln schickte, weil die Tomaten so gut davon wachsen. Aber davon habe ich schon einmal an anderer Stelle ausführlich geschrieben. Das mit dem Schatz, das hatte ich mir einfach abenteuerlicher vorgestellt. Längst weiß ich, daß frisches Gemüse in jeder Hinsicht ein Schatz ist. Gemüse ist der Bestandteil unserer Nahrung, aus dem wir viele Vitamine, Mineralstoffe und sogenannte Spurenelemente beziehen, die allesamt von unserem Körper zu einem gesunden Leben benötigt werden. Hinzu kommen die Ballaststoffe, an denen die Gemüse reich sind, das sind Stoffe, die nicht verdaulich sind, die den Darm füllen, die ihn beschäftigen, die für das sorgen, was man eine gute Verdauung nennt, und die andererseits sättigen, und das heißt, mit ihrer Hilfe kann man sein Gewicht vernünftig regulieren, ohne zu hungern. Nun gibt es viele Leute, die machen aus dem Vitamin- und Mineralstoffgehalt des Gemüses geradezu einen Kult. Als würde man das Gemüse nur essen wegen dieser sogenannten Vitalstoffe. Ich muß sagen, ich esse Gemüse vor allem, weil es mir so gut schmeckt. Meine Mutter hat mich daran gewöhnt, frisches Gemüse zu essen, und hat mir den Geschmack daran gegeben. Ich esse Gemüse genau so gerne in ein wenig Wasser gedämpft, ganz schonend, damit es knackfrisch bleibt und den Geschmack behält, mit einem Stückchen frischer Butter darüber, wie in Gestalt eines handfesten Gemüseeintopfes, recht verkocht. Weil ich sowohl das eine wie das andere esse, bin ich sicher, daß mein Körper die von ihm benötigten Vitamine von A bis K einschließlich der Pantothensäure ausreichend erhält. Natürlich esse ich auch frischen Salat und Obst. Und darum ist nicht einzusehen, warum ich nicht Zimmes aus Karotten essen soll (eine jüdische Spezialität, bei der ich Karottenwürfel in karamelisiertem Zucker dämpfe, etwas Brühe aufgieße und das Ganze bei kleinster Hitze etwa 4 Stunden schmurgeln lasse. Vitamine sind keine mehr drin. Das macht aber nichts. Es schmeckt herrlich, zerfließt auf der Zunge!). Diejenigen, die jedes Vitamin bei der Zubereitung erhalten wollen, müssen sich klar machen, daß ein Körper, der genügend mit Vitaminen versorgt ist (Salat, Früchte, Fleisch, Brot usw.) durch weiteren Vitaminnachschub keinesfalls gesünder wird. Er scheidet das Zuviel einfach aus und die ganze Mühe war für die Katz.
Ich wehre mich mit Entschiedenheit dagegen, Essen zur reinen biologischen Funktion abzuwerten. Vermutlich steckt darin die gleiche Leibfeindlichkeit, die man neuerdings auch bei manchem findet, der sich kolossal über «mittelalterliche Einstellungen» z. B. christlicher Kirchen aufregt. Was für das Auge ein Blumengarten oder ein Gemälde von Van Gogh ist und für das Ohr das Plätschern eines Baches oder ein Mandolinenkonzert von Vivaldi, das ist für die Geschmacksnerven ein gut zusammengestelltes Menü. Chinesische Speisen erinnern mich an zarte Aquarelle, Kalbsleber in Butter mit Salbei an einen duftigen Fragonard und frisch gestochene Spargel «al dente», gedämpft mit ein wenig zerlassener Butter, Bohnen mit einem Hauch Bohnenkraut und Knoblauch, Spinat nach sizilianischer Art mit Knoblauch, Pinienkernen und Rosinen, an was erinnert mich all das? Jedenfalls, sie sind wie Malerei und Musik, Produkte der Kultur, eine Freude für den Gaumen und für den Menschen, der weiß Gott genug leiden muß, genug Sorgen hat und genug Ärger.

Über all den Vitalstoffen wird meist übersehen, daß die Gemüse auch Heilwirkung haben können, der Gesundheit also auch dann dienen, wenn diese schon angeschlagen ist. Der Spinat ist der König der grünen Gemüse. Seine Blätter enthalten das Provitamin A, das Vitamin C (fast so viel wie die Zitrone), Vitamin B 1, B 2, Folsäure, das für die Bildung der roten Blutkörperchen wichtige Vitamin B 12, das sogenannte Fruchtbarkeitsvitamin E, Kalium, Kalzium, Magnesium, Jod, Kobalt und Eisen. Das mit dem Eisen ist eine recht traurige Geschichte. Generationen von Kindern haben Spinat essen müssen, «weil er doch so gesund ist», durch seinen hohen Eisengehalt. Ich sehe sie da vor mir, diese armen Mütter, in ihren Armen die noch ärmeren Babys, von den zufällig anwesenden Vätern gar nicht zu reden. Das Baby trägt einen riesigen Drullatz (Himmel, wie heißt das nur auf hochdeutsch? Ha! Ich hab's! Schlapperlätzchen!). Die Mutter, im Ärmelschurz, nimmt einen Löffel voll aus dem bereitstehenden Teller mit Spinatpüree und führt diesen zum Munde des Babys. Dieses hält denselben geschlossen. Die Mutter insistiert mit dem Löffel. Das Baby dreht den Kopf zur Seite. Die Mutter folgt mit dem Löffel. Baby dreht den Kopf zur anderen Seite. Die Mutter: «Komm Wernerle, machs Mündle auf, iß von dem feinen Spinat, der ist doch so gesund». Schließlich öffnet das Baby den Mund, Mutter füllt freudig den Spinat ein, Baby bläst, der Spinat verteilt sich gleichmäßig über Baby, Drullatz, Mutter, Kittelschürze sowie weitere Teile der Küche und des gerade herangetretenen Vaters, der im Begriff ist zu fragen: «Habe ich das richtige Hemd an für das Konzert heute abend?»
Und das kam so: Irgendwann im 19. Jahrhundert wurde u. a. der Spinat auf seine Bestandteile analysiert. Beim Drucken der Ergebnisse ist das Komma verrutscht. Und so kam dieser verdammte Spinat in den Geruch, besonders viel Eisen zu enthalten. Jedenfalls mehr, als er tatsächlich hat. Die Folge? s. oben. Es ist allerdings wahr, daß er Eisen enthält. Und man muß ihn nicht unbedingt als Spinatbrei zu sich nehmen. Roher Spinatsaft würde es auch tun. Spinat enthält allerdings auch Oxalsäure und Nitrate. Und darum sollte man das erste Spinatwasser, in dem man ihn kurz gekocht hat, abgießen, wenn man an der Niere oder Leber leidet, wenn man Artritis oder Rheumatismus hat. Danach in frischem Wasser fertig kochen. Die Nitrate sind übrigens auch der Grund, warum sich gekochter Spinat selbst im Kühlschrank nicht hält. Er kommt in Gärung und aus den Nitraten entstehen giftige Stoffe. Alle unsere Gemüse waren ursprünglich einmal Wildgemüse. Durch den Anbau und eine gezielte Vermehrung wurden bestimmte Teile der Wildpflanze besonders ausgebildet. Wilde Rüben sind nicht dick, wilde Kohlarten haben keine dicken Köpfe, wilde Zwiebeln keine dicken Knollen, wilder Salat keine großen Blätter. Aber diese vergrößerten Teile unserer Gemüsepflanzen sind nicht nur größer als bei der Wildpflanze, sondern sie sind auch nährstoffreicher, zarter und wohlschmeckender. Damit sie das sind, brauchen sie auch besondere Wachstumsbedingungen. Sie brauchen einen guten Boden, sie brauchen ausreichende Versorgung mit Nährstoffen und Spurenelementen, d.h. Düngung, sie müssen entsprechend bewässert werden, und sie brauchen Schutz gegen alle möglichen Wesen, die von ihnen essen möchten. Wir nennen solche Schädlinge. Sie wundern sich über meine gewählte Ausdrucksweise in diesem Zusammenhang? Die schädlichsten sind Menschen. Wenn Sie keinen angemessenen Zaun um ihren Garten haben, verschwinden gerade die schönsten Salat- und Krautköpfe, Bohnen und Gelben Rüben. Dann haben vierbeinige Lebewesen kolossale Lust auf Gemüse, das können Kühe oder Geißen sein, Rehe oder Hasen, und dann kommen vor allem die Schnecken. Im vergangenen Jahr habe ich einen Versuch gemacht mit dem sogenannten Pflücksalat, den ich noch nie gepflanzt hatte, aber wahnsinnig gern esse. Am Samstag

habe ich ihn gesät, am Mittwoch war er wunderbar aufgegangen und am Samstag waren die Blättchen schon ½ cm groß. Dann ging ich auf Dienstreise. Als ich am Dienstag heimkam, war das Beet leer. Nicht ein grünes Blatt war mehr zu sehen: die verdammten Schnecken. Und dann gibt es Raupen und Würmer und schließlich noch Bakterien und Pilze. Und gegen all das muß man das Gemüse schützen. Der Schatz im Acker will schon verdient sein. Es sagt sich leicht: Gemüse aus dem eigenen Garten. Früher, zu Zeiten meiner Mutter, ich sag' dies ausdrücklich, weil moderne Hobbygärtner andere Methoden haben, früher also habe ich die Beete im Herbst umgestochen und im Frühling noch einmal, wobei ich im Herbst Blätter oder Mist oder beides untergegraben habe. Im Frühling wurde das Beet dann angelegt, säuberlich gerecht, mit einer Schnur und zwei Setzhölzern wurden die Reihen abgesteckt, wo die Krautsetzlinge eingepflanzt wurden. Meine Mutter hatte vorher in einem Kistchen das Kraut gesät. Jetzt wurden die einzelnen Setzlinge ausgesucht, die stärkeren. Mit einem Setzholz wurde ein Loch gebohrt, die Wurzeln des Pflänzchens versenkt, die Erde angedrückt, die Pflanze angegossen, und dann stand man stolz vor dem Beet. Das mußte nun regelmäßig gegossen werden, wenn es nicht regnete, dann mußte etwas gegen die Kohlfliege getan werden, gegen die Schnecken, s. o., Mutter tat das alles noch mit Gift, mit irgendwelchem Staub und Schneckenkörnern (heutzutage werden ja die Schnecken mit Bier belohnt). Der Erfolg war ungefähr gleich, mit Gift und ohne Gift: die Hälfte des Gemüses wird halt gefressen. Eigenartig ist für mich, daß alle unsere Gemüse mit wenigen Ausnahmen aus den Klostergärten zum Volk kamen, und ich frage mich manchmal, je mehr ich mich mit der Kulturgeschichte der Gemüse beschäftige, was unsere Vorfahren so um das Jahr 1000 herum eigentlich gegessen haben. *Die Erbse,* wir werden von ihr unter dem Thema „Hülsenfrüchte" reden müssen, war sicherlich schon verbreitet. Man nimmt an, sie sei bereits in der Mittelsteinzeit als Gartengewächs zu uns gebracht worden. Die Leute aßen bestimmte Wildkräuter, Gemüse, die wir gar nicht mehr kennen, z. B. Zuckerwurz, Ampferarten, Weißwurzel, Fuchsschwanz, Löffelkraut, Gartenmelde, Guter Heinrich. Alle Gemüse aber, die heute zu den „feinen" gehören, kommen aus den Klostergärten und in die Klostergärten aus dem Mittelmeerraum, aus Griechenland, Ägypten, Italien.

In den orthodoxen Ländern wird oft gefastet. Fastenzeiten sind 40 Tage vor Ostern, die Zeit vom 15. November bis Weihnachten, die Fastenzeit der heiligen Apostel, die am ersten Sonntag nach Pfingsten beginnt und am Fest der Apostel Petrus und Paulus endet, und das Mutter-Gottes-Fasten vom 1. bis zum 15. 8. Daneben haben orthodoxe Christen an jedem Mittwoch und Freitag zu fasten, am 14. 9., am 5. 1. und am 29. 8. Fasten, das bedeutet in der Orthodoxie Verzicht auf Fleisch, Fisch, Milch, Käse, Butter, Ei, d. h. also so gut wie alle tierischen Eiweiße (ausgenommen sind Tintenfische, Krabben u. ä. Seegetier). In all diesen Zeiten besteht die Nahrung ausschließlich aus Gemüsen. In Griechenland, aber auch in Rumänien, wo ich die Kochgewohnheiten der orthodoxen Hausfrauen etwas kenne, entstehen gerade in den Fastenzeiten die allerfeinsten Gerichte: Wunderbare Gemüse der unterschiedlichsten Art.

Die Großmutter wußte ...

Fast alle Blattgemüse können auch roh als Salate gegessen werden. Die Kohlarten, die zum Teil auch als Blattgemüse bezeichnet werden könnten, sind hier nicht berücksichtigt, ebenso diejenigen der Gattung Lactuca (Kopfsalat). Somit verbleiben hier vor allem der Mangold (Beta vulgaris) und der Spinat (Spinacia oleracea) mit dessen Vetter, dem Neuseeländischen Spinat (Tetragonia expansa). Jener ist mit dem Spinat botanisch überhaupt nicht verwandt, kann aber in allen Rezepten anstelle von Spinat verwendet werden. Vorteil: Neuseeländischen Spinat kann man während des ganzen Sommers essen, da er nicht schießt und nicht bitter wird. Nachteil: Außerordentlich lange Keimzeit (5 – 6 Wochen).

— Spinat soll nicht aufgewärmt werden. Also kleine Portionen kochen (150 – 200 g frische Blätter pro Person).
— Spinatwasser sollte man nicht zur Speisezubereitung verwenden, da es Nitrate enthält. Besonders vorsichtige Köchinnen sieden Spinat einige Minuten in Salzwasser, schütten dieses weg und kochen das Gemüse in einem zweiten Salzwasser fertig.
— Es gibt etliche Wildpflanzen, deren junge Blätter anstelle von Spinat verwendet werden können, wobei der Geschmack etwas variiert:
Beinwell *(Symphytum officinale)*
Sauerampfer *(Rumex acetosa)*
Guter Heinrich *(Chenopodium bonus henricus)*
Brennessel *(Urtica dioica)*
Taubenkropf *(Silene vulgaris)*
— Je frischer Gemüse verwendet wird, desto besser mundet es, desto mehr Vitamine bleiben erhalten.
— Je kürzer die Garzeit ist, desto schmackhafter bleibt jedes Gemüse. Niedrige Kochtemperaturen, Garen «im eigenen Saft» belassen den Eigengeschmack am besten.
— Petersilie und Schnittlauch sind ideale Kräuter zu Blattgemüse, da sie keinen zu starken Eigengeschmack und -geruch haben.
— Basilikum, Zwiebel und Knoblauch ergänzen und würzen Blattgemüse, das wenig Eigengeschmack hat.
— Beim Putzen von Blattgemüse beachtet man generell: Zuerst verdorbene oder welke Teile wegschneiden. In Köpfen oder Strünken wachsende Arten in Blätter zerteilen. Diese waschen, eventuell trockenschleudern. Erst dann zerschneiden. So vermeidet man Vitamin- und Mineralsalzverlust.

Blattgemüse in Großmutters Hausapotheke

Spinat soll infolge seines Eisengehaltes die Bildung von roten Blutkörperchen fördern. Interessant ist, daß ältere Heilkräuterbücher diesen Hinweis nicht enthalten. Die Geschichte auf Seite 36 scheint also wahr zu sein.

Blattmangoldblätter, in heißem Wasser überwellt, sollen bei Abszessen und Hämorrhoiden, als Umschlag verwendet, gute Dienste leisten.

Rezepte mit Blattgemüse

Spinatbällchen

    2 l   *Wasser*
    1 KL *Salz*
    500 g *Spinatblätter, gewaschen*
    1 EL *frische Butter*
    1   *Ei*
          Muskatnuß, Salz, Pfeffer
    2 EL *Weißmehl*
    1   *Ei zerklopft*
    2 EL *geriebener Parmesankäse*
    2 EL *eingesottene Butter*

Wasser und Salz aufkochen, Spinatblätter beigeben, 5 Min. kochen, Wasser abschütten, die Blätter hacken.
Butter schmelzen, Spinat beigeben, einige Minuten dämpfen, bis er relativ trocken ist, Ei und den Käse beigeben, würzen, gut mischen, erkalten lassen. Mit einem Eßlöffel eine Portion abstechen, mit kalt abgespülten Händen eine Kugel drehen, diese zuerst im Mehl, dann im Ei, dann im Paniermehl drehen, die eingesottene Butter schmelzen, die Bällchen darin ringsum goldbraun backen. Mit frischen Spinatblättern garniert servieren.

Spinatsalat

 400 g *ganz zarte Spinatblätter*
  4 *Eier*
 3 EL *Weißweinessig*
 4 EL *Olivenöl, extra vierge*
  1 *Knoblauchzehe, gepreßt*
    Salz, Pfeffer

Die Blätter waschen, trockenschwingen, Stiele entfernen, in 1 cm breite Streifen schneiden. In eine Salatschüssel geben. Die Eier hartkochen, abschrecken, schälen, entzweischneiden, die Eigelb herausnehmen, mit einer Gabel fein zerdrücken. Die übrigen Zutaten damit vermischen, zuletzt die gehackten Eiweiße dazugeben. Diese Sauce über den Salat anrichten, mischen, ½ Std. ziehen lassen.

Stielmangold-Auflauf

 1 kg *Stielmangold (Krautstiele)*
 2 l *Wasser*
 1 KL *Salz*
 1 EL *frische Butter*
    Salz, Pfeffer
 2 EL *frische Butter*
 2 EL *Mehl*
 3 dl *des Gemüsewassers*
    Salz, Pfeffer
 3 EL *Paniermehl*
 4 EL *gut schmelzender Käse*
    (z. B. Emmentaler), gerieben
 2 EL *gehackte Petersilie*

Das Gemüse putzen, waschen, in 2 cm breite Streifen schneiden, ins kochende Salzwasser ge-

ben, ¼ Std. sieden, abschütten, dabei 3 dl der Gemüsebrühe zurückbehalten.
Die Butter schmelzen, das Gemüse 10 Min. darin dünsten. Die zweite Portion Butter schmelzen, das Mehl beigeben, alles mit dem Schwingbesen gut verrühren, vom Feuer nehmen, die heiße Gemüsebrühe dem Pfannenrand entlang beigeben, alles zu einer homogenen Masse verrühren. 5 Min. köcheln, salzen, pfeffern, die restlichen Zutaten beigeben.
Das Gemüse in eine gefettete Auflaufform schütten, mit der Sauce bedecken, 20 Min. im auf 200° vorgewärmten Ofen überbacken.

Von den Fischen

Viele Jahre lang habe ich am Lago Maggiore Urlaub gemacht. Wandern in den Tessiner Bergen, schwimmen im See. Wir hatten uns jeden Sommer für drei Wochen eine Ferienwohnung direkt am Wasser gemietet, und wenn ich gar nichts tun wollte, dann lag ich auf den warmen Granitplatten der Sitzbank, die die Mauer über dem Wasser krönte, und schaute hinunter in den See, in dem Fische schwammen, kleine Barsche und große Döbel, und manchmal kam eine Fischschule vorbei, viele, viele tausend winzige Fischlein, die alle nach derselben Richtung schwammen, im Sonnenlicht silbern glitzerten, aus dem Wasser sprangen, wenn ein großer Fisch daherschoß, um sie zu fressen.
Eines schönen Nachmittags erzählte Frau Weber, unsere Vermieterin, mein Vetter habe angerufen. «Oh», sagte ich, «da kann ich ja heute nachmittag nicht fort, wer weiß, wann der noch einmal anruft.» «Ist Ihr Vetter Schweizer oder Deutscher?», fragte Frau Weber. Ich sagte: «Schweizer».
Darauf erklärte mir Frau Weber: «Dann ruft er bestimmt nicht vor 19.00 Uhr an, weil danach das Telefonieren billiger ist.» Ich könnte beruhigt bis dahin etwas unternehmen. Treffender hat mir noch nie jemand den Unterschied zwischen Schweizer und deutscher Lebensart klargemacht. Natürlich hat mein Vetter kurz nach sieben angerufen. Er teilte mir mit, er wolle am darauffolgenden Tag mit seinem Rösli kommen, ich hätte bestimmt noch eine Möglichkeit, wo sie beide übernachten könnten.
Am darauffolgenden Tag, pünktlich zum Mittagessen stand er da. Er hatte eine Menge wunderbarer Dinge mitgebracht zum Essen und Trinken, und außer seinem Rösli auch eine Angelausrüstung. «Oh», sagte ich, «Du willst angeln? Hast du denn auch eine Angellizenz?»
«Nein», sagte er, «aber die brauche ich auch nicht, weil ich nämlich von deinem Ufer aus angeln werde, und das ist frei.» Nach Mittagessen, Dessert, Kaffee und Kuchen schritten wir beide zur Tat. Er zeigte mir, wie man den Schwimmer befestigt, wie man einen Köder an den Haken macht. Ich war enttäuscht und zugleich beruhigt, denn er verwendete keinen Wurm. Enttäuscht war ich, weil ja in jeder anständigen Fischergeschichte die lebenden Würmer als Köder eine Rolle spielen, andererseits beruhigt, weil ich so nicht Zeuge einer Tierquälerei werden mußte. Vetter Erich erklärte mir, daß das Stücklein Rinde eines Gruyèrekäses bedeutend wirksamer sei und durch seinen Geruch, respektive Geschmack im Wasser eine kolossale Anziehungskraft auf Fische ausübe. Er hatte mehrere Rinden mitgebracht, von denen er einige kleine Stücke ins Wasser warf. «Anfüttern», nannte er das, womit er sozusagen den Fischen Appetit machte; mehrere Döbel ästimierten das, der Käse war ruckzuck verschwunden. «Ha», sagte Erich, «siehst Du, die Chaibe möged das!» Nun warf er mit gewaltigem Schwung seine Angel aus. Er bedeutete mir, von nun an still zu sein, weil sonst die Fische verschreckt würden. Im übrigen müßte ich mit einem von ihm Käscher genannten Apparat, so einer Art Schmetterlingsnetz bereitstehen, um größere Fische, die er jetzt fangen wolle, aus dem Wasser zu heben, weil sonst seine Nylonschnur durch die Last des Fisches zerreißen würde.
Kaum hatte er das mit der Last ausgesprochen, da zuckte auch schon der Schwimmer.
«S'isch eine dra», flüsterte Erich und begann, wie ein Irrsinniger an einer kleinen Kurbel zu drehen.

Was zutage kam, war sozusagen der Angelhaken netto. Der schlaue Fisch hatte den Käse gefressen und anscheinend rund um den Angelhaken herum. Mein Vetter fluchte, befestigte neue Käserinde am Angelhaken und warf die Angel wieder aus. Von nun an verlief die Sache bedeutend ruhiger, d. h. es geschah nichts. Von Zeit zu Zeit zog er die Angel ein, um zu prüfen, ob vielleicht doch ein Fisch dranhinge, aber es hing keiner. Nach etwa einer Stunde beschleunigte sich das Tempo seines Einziehens und Auswerfens noch, ohne daß sonst weiter etwas geschah. Als zwei Stunden vergangen waren und ich ihn auf die nervenberuhigende Kraft des Fischens hinwies, zog er die Angel ein, stellte die Apparatur in eine Mauerecke, sagte etwas von einem «Schißdräck» und überhaupt würde ich viel zu viel reden bei dem ernsten Geschäft des Fischens, da könne doch nichts daraus werden, und zog sich zu den Frauen zurück, die immer noch oder schon wieder Kaffee tranken und (mitgebrachten) Kuchen aßen. Wissend, was jetzt kam, nämlich ein tiefes Gespräch über die Lebensumstände der übrigen Mitglieder unserer riesigen Familie, lungerte ich noch etwas am Seeufer entlang, probierte mal die Angel aus, nur so die Apparatur, befestigte ein letztes übrig gebliebenes Stücklein Rinde am Haken, stach mir dabei in den Finger, fand das Ding gemein gegenüber den armen Fischen, warf es ins Wasser und da ruckte es. Ich wollte die Schnur wieder einziehen, es ging nur ganz schwer. Ich schrie: «Eriiiich, ich hab einen», und schon lag das arme Fischlein, vielleicht 20 cm lang, auf der Wiese, hupfte auf und ab. Ich sagte: «Erich, bitte, laß das Tier wieder laufen».
Er sagte: «Ich krieg's doch nimmer los».
Ich sagte: «Mach's wenigstens tot».
Er sagte: «Das kann ich nicht».
Schließlich gelang es ihm, den armen Fisch zu befreien, und zwar nachdem er ihm mit einen Holzscheit auf den Kopf gehauen hatte. Der arme Fisch war sichtlich tot. Und jetzt fing die Verlegenheit erst richtig an — was machen mit dem Fisch. Erich schlug vor, ihn «auf d'Nacht» zu essen.
Ich erklärte, nie und nimmer würde ich einen armen Fisch, an dessen Tod ich schuld sei, essen. Mein Vetter sagte, er wolle diesen Fisch natürlich auch nicht, und überhaupt sei er viel zu klein. Dann nahte die Rettung in Gestalt des schwarzen Katers von Frau Weber. Der hatte keinerlei Hemmungen, sondern fraß den Fisch ohne Problem ratzebutz auf.
Dies war zugleich mein erster und mit Sicherheit letzter Fischereiversuch. Wenn ich die von mir gegessenen Tiere töten müßte, egal ob Fisch oder Rindvieh, ich wäre Vegetarier. Aber das habe ich an anderem Ort schon gesagt.
Übrigens: Mein Vetter hat seine Angeleinrichtung auch nicht mehr benutzt, sondern aus Anlaß einer Tombola für heimatlose Tiere als Preis zur Verfügung gestellt.
Die Jahre gingen hin, wir wechselten das Ferienhaus, nicht aber die Gewohnheit, ein solches am Lago Maggiore für drei Wochen im Jahr zu bewohnen. Und so kamen wir in eines, in dem außer uns regelmäßig ein Malermeister aus einer schwäbischen Stadt mit Frau und Töchtern seine Ferien verbrachte. Nun sind natürlich eine Frau, und wäre sie noch so schön, und drei Töchter zwischen 18 und 25 viel Weiblichkeit auf einmal. Ich habe das damals noch nicht so gewußt wie heute. Kurz, Robert stach mit einem motorgetriebenen Gummiboot jeden Mittag in See, ausgerüstet mit Fischereiapparaturen, die ich nie zuvor gesehen hatte. Eines Tages brachte er vom Markt eine riesige Drahttrommel mit, die mit einer Handkurbel an einem Schraubfuß befestigt war, und erklärte mir, nun-

mehr würde er zum Fang von Seeforellen aufbrechen, und dazu müßten wir seinen Außenbordmotor am Ruderboot unseres Vermieters befestigen, der sich zu diesem Zeitpunkt im heimischen Aargau befand. Der Evinrude wurde verschraubt, die Drahttrommel kam an Bord des Ruderbootes, und dann fuhren wir zwei zunächst einmal mit Hilfe der Ruder etwa 20 Meter auf den See hinaus. Jetzt müßte ich ihm helfen, die Grundangel auszulegen. Er entfaltete eine riesige treppenartige Kiste, voll mit Angelhaken, Blinkern, Gewichten, Schnüren, Zangen, befestigte am Ende des Drahtes von der Trommel ein schweres Bleigewicht, und ich mußte das Bleigewicht langsam in den See absenken. Der Evinrude wurde angeworfen, auf minimale Geschwindigkeit gestellt, und nun wurde alle 10 Meter an dem Stahldraht ein Nylonfaden befestigt, der seinerseits wieder 10 Meter lang war und einen Blinker mit Haken am Ende hatte. Als ich schließlich den ganzen Draht abgewickelt hatte, waren 150 Meter Stahldraht draußen mit 12 Angeln dran. Und so tuckerten wir über den See. Wir tuckerten an diesem Tag, am darauffolgenden Tag, die ganze Woche, noch eine Woche, bis der Urlaub zu Ende war. Ein zweiter Urlaub, ich glaube, wir haben es 10 Jahre lang gemacht. Und Gott sei Dank, wir haben nie auch nur das allerkleinste Fischlein gefangen, geschweige denn eine dieser wunderbaren Seeforellen, die im Lago Maggiore leben, gut einen halben Meter groß sind und herrliches rotes Fleisch haben.

Ich hab' einmal meinem Freund Bubi geholfen, eine aufzuessen. Seine Frau Jeanette hatte sie wunderbar zubereitet. Der Lago Maggiore ist über 300 Meter tief. Seine tiefste Stelle liegt sogar unter dem Meeresspiegel. Und dort irgendwo, in der schwarzen Tiefe, wo das Wasser nie wärmer wird als 4 Grad, dort leben sie, die Seeforellen, und ich kann mir richtig vorstellen, wie sie jahrelang über mich und Robert gelacht haben. Wir zwei aber hatten wunderschöne Nachmittage. Wir fuhren auf dem See herum, taten buchstäblich nichts als gelegentlich die ganze Angelmechanik hochwickeln (alle 10 Meter die Nylonfäden wegnehmen, auf vorbereitete Holzstäbe wickeln, den Blinker entfernen, in die Kiste legen, die Angel wieder 10 Meter weiter heraufziehen, den nächsten Nylonfaden abnehmen usw.), und das Ganze in jener Beschaulichkeit und Ruhe, die bei Männern sofort eintritt, wenn Frauen fern sind. Wobei das nicht nur im Wesen der Frau begründet ist. Aber zu den Fischen. Was es wohl ist, das uns an den Fischen so beeindruckt? Ich jedenfalls bleibe an jedem Bach stehen, in dem ich eine Forelle schwimmen sehe, an jedem See, an jedem Aquarium. Warum haben Menschen überhaupt ein Aquarium?

Man kann mit Fischen nicht sprechen wie mit einem Hund. Man kann Fische nicht streicheln wie eine Katze. Sie geben keinen einzigen für uns hörbaren Ton von sich wie ein Kanarienvogel. Und doch haben Menschen Fische in ihrer Wohnung, füttern sie, schauen ihnen zu, wie sie sanft durch das Wasser des Aquariums schweben, hin und her und auf und ab, mit lidlosen Augen starren, den Mund öffnen, das Wasser durch die Kiemen wieder herausströmen lassen, sacht die Flossen bewegen in der Strömung. Am schönsten ist das, wenn man selbst hinab taucht in ihr Reich. Eine Brille braucht man, damit man sehen kann, und dann begegnen sie einem und dann ist man selbst wie ein Fisch im Wasserreich, wo man sich eben nicht nur auf dem Boden, in einer Dimension bewegt, wo der Raum um einen nach oben und unten grenzenlos ist, wo man schwerelos ist, im Mittelmeer zum Beispiel, im flaschengrünen, glasklaren Wasser der Ägäis, das über den Untiefen schwarz scheint und im Nordwind. Man taucht und schwebt, bewegt sich mit den Flossen fort und muß wieder aufsteigen, weil wir Menschen eben Kinder der Luft sind, weil wir nicht mehr im Wasser leben können. Dabei gibt es Wissenschaftler, die behaupten, daß der Mensch in einer frühen Stufe seiner Entwicklung im Meer gelebt hätte und daß die eigenartige Freundschaft, die die Delphine für den Menschen haben, aus jener Zeit stamme. Wieviele Geschichten gibt es von Delphinen, die Ertrinkende, die Schiffbrüchige gerettet haben. Und wer einmal erlebt hat, wie Delphine sich für Menschen produzieren, der glaubt an diese Urfreundschaft. Ich meine nicht diese armen gequälten Kreaturen, die in den sogenannten Delphinarien leben müssen, z. B. im Europapark Rust, die ein klein wenig Salzwasser zur Verfügung haben und in dieser Unfreiheit trotzdem zum Vergnügen der Menschen spielen. Wenn das Schiff von Ouranopolis nach Daphni fährt, zum Heiligen Berg, dann umfährt es eine ganz bestimmte Stelle, wo die Ausläufer eines Felsenriffs weit hinaus ins Meer ragen, und dort warten sie auf das Schiff, schwimmen neben ihm her, springen hoch in die Luft, tauchen wieder ein, und wenn die Passagiere klatschen, die ernsten Männer, die als Pilger zum Heiligen Berg an Bord sind, die Mönche, die Gendarmen, die ihre Kollegen ablösen, auf den einsamen Posten in der Abgelegenheit der Klöster auf dem Heiligen Berg, dann ist es, als würden die Delphine lachen vor Vergnügen.

Ja, ja, ich weiß es, zoologisch betrachtet sind Delphine keine Fische, sondern Säugetiere, die die Form von Fischen haben, so wie die Fledermäuse keine Vögel sind. Aber für mich ist eben das entscheidend, was sie mit den Fischen gemeinsam haben: das Leben in der dreidimensionalen Welt des Meeres.

Haben wir nicht das Meer in uns? Entspricht nicht der Salzgehalt unseres Blutes dem Salzgehalt des Meerwassers? 3,5%. Haben wir nicht unser Leben als Fisch begonnen, in dem winzigen Meer der Fruchtblase, in dem wir schwammen, in dem es gut und warm und still und schwerelos war? Lebt von daher nicht in uns das unstillbare Heimweh nach dem warmen, bergenden Meer? Wenn wir müde sind und abgespannt, schenkt uns dann nicht das warme Bad Kraft und Beruhigung?

Was mich an Fischen noch so fasziniert, das ist die «Appetitlichkeit» des Fisches. Ein Fisch ist sozusagen eßfertig. Ja natürlich, man muß ihn ausnehmen, man muß ihn schuppen, und einen großen Fisch, zum Beispiel einen Kabeljau, kann man nicht als Ganzes kochen oder braten. Aber zum Beispiel eine Forelle. Sie hat keinen Pelz, den man abziehen muß, keine Federn, die man rupfen muß. Wie armselig sieht ein bratfertiges Lamm aus, oder ein Huhn. Wie plump ein Stück Fleisch, Rindfleisch zum Beispiel. Ein Fisch aber, das ist ein Ganzes. Und ich setze immer meinen ganzen Stolz darein, einen solchen gebratenen oder gekochten Fisch so appetitlich wie möglich zu zerlegen. Ich mag es nicht, wenn der Teller beim Fischessen ausschaut wie ein Schlachtfeld. Ich entferne die Haut auf der einen Seite und zerlege den Fisch vom Rücken her. Dann nehme ich die Rückengräte als Ganzes heraus – mit Gabel und Fischmesser – und entnehme die andere Seite. So bleibt alles appetitlich. Nur manchmal habe ich Probleme. Es gibt Fische, vor allem im Mittelmeer, da werde ich mit den Gräten nicht fertig. Sie lassen sich nach der genannten Methode nicht entfernen, und dann muß man anfangen, sie einzeln im Fleisch zu suchen. Dann entsteht das gefürchtete Chaos halt doch.

Ich esse auch sonst gerne Fisch. Es geht mir wie meinem Freund Anton, der irgendeinmal den heiligen Josef sagen läßt: «Ich fast am Frittig un iß Fisch, obwohl mir Fisch am liebschte isch.»

Aber so war's halt früher bei Antons Mutter und bei meiner Mutter. Fisch gab's nur am Freitag, so wie es übrigens auch nur freitags Käse gab.

Unser Ernährungsphysiologe sagt zwar, man solle essen, was einem schmeckt und worauf man Lust habe, das seien nämlich Dinge, die der Körper besonders brauche. Aber eines, meint er, sei besonders wichtig: zweimal in der Woche soll man mindestens Fisch essen. Und dann empfiehlt er vor allem Makrele, Lachs, Hering und Sardine. Nun werden natürlich manche sagen: «Aber diese Fische sind doch fett!»

Ich kann nur unseren Ernährungsphysiologen zitieren, der mir folgendes erzählt hat: In den 70er Jahren hat man bei vergleichenden Untersuchungen festgestellt, daß die Eskimos auf Grönland praktisch keine Arteriosklerose haben und daß dementsprechend der Herzinfarkt so gut wie nie auftritt. Daß ferner das Blut von Eskimos eine verzögerte Gerinnungszeit hat, die Blutplättchen weniger stark verklumpen, die Fließgeschwindigkeit des Blutes höher ist und es deshalb so gut wie nie zur Thrombose kommt.

Natürlich hat man gesucht, wo die Ursache dafür liegt. Was man fand: durchschnittlich ißt jeder Eskimo 400 g Fisch jeden Tag. Worin besteht aber nun der Unterschied zwischen dem Fleisch der Fische und dem Fleisch der Landtiere? Man hat nachgewiesen, daß es gewisse Fettsäuren sind, also Bestandteile des Fischfettes, die für diese positiven Effekte verantwortlich sind.

Diese Fettsäuren entstehen ursprünglich in Algen und in Pflanzenplankton. Als Nahrung der Fische gelangen diese Fettsäuren in den Fischkörper. Diese besonderen Fettsäuren haben einen niedrigen Schmelzpunkt, d.h. sie sind auch bei sehr niedrigen Temperaturen noch flüssig. Im kalten Wasser des Nordmeers muß das Fett der Fische diese Eigenschaft haben, denn sonst würden sie ja bei Temperaturen um 4° erstarren, den Fisch bewegungsunfähig machen, bzw. sie könnten in dem Fischkörper, d.h. in seinem Blutkreislauf gar nicht gelöst werden.

Diese Fettsäuren gehören zu den sogenannten ungesättigten Fettsäuren, von denen soviel die Rede ist. Auch in einigen Landpflanzen kommen Fettsäuren einer verwandten Art vor. Sie heißen Linolensäure, und man findet sie in Moosen, Farnen, Gräsern und auch in Leinsamen. Vor allem Wild ernährt sich von Moosen, Farnen, Flechten und Gras. Durch den Verzehr von Wild, aber auch von Rindern, die auf die Weide gehen, konnten wir früher diese Fettsäuren unserem Körper zuführen. Aber durch die landwirtschaftliche Intensivhaltung mit Kraftfutter aus Soja enthält das Fleisch unserer Schlachttiere praktisch keine dieser speziellen Fettsäuren mehr. Ich vermute, daß dies für Schafe und Geißen nicht gilt.

Nun wollte der Ernährungswissenschaftler noch einiges sagen über das Verhältnis von sogenannten Omega 3- und Omega 6-Fettsäuren, von Kettenlängen der Kohlenstoffatome, von Doppelbindungen und Protaglandinen. Als er mein verzweifeltes Gesicht sah, hat er es gelassen und gesagt, wenigstens 3 Gramm dieser Fette müßte man pro Tag zu sich nehmen. Und dann hat er noch etwas Schreckliches gesagt, man könne diese Fette auch in Form von Lebertran zu sich nehmen.

«Essen Sie zweimal in der Woche Fisch, Tiefseefische und vor allem die oben schon genannten, das senkt den Blutdruck, macht das Blut flüssig und entlastet das Herz.»

Aber auch sonst ist der Fisch ganz allgemein ein hochwertiges Nahrungsmittel:

Sein Fleisch besteht aus vollwertigem Eiweiß, es enthält Mineralstoffe wie Kalk, Phosphor, Eisen, Jod, Vitamine, hauptsächlich A und D, Fisch ist leicht verdaulich und bekömmlich, vorausgesetzt, daß er frisch ist.

Eigentlich sollte man Fisch am Tag des Fanges essen. Nun hat sich diese Regel durch die Technik durchbrechen lassen. Durch Eis- und Tiefkühlen wird sozusagen der Tag des Fanges wenigstens bis in das Fischgeschäft verlängert. Aber schmecken tut der Seefisch halt am besten am Meer, und das, was meine Mutter immer so fürchtete, daß die ganze Wohnung nach Fisch roch, wenn sie Fisch gekocht hat, das dürfte eigentlich nicht eintreten.

Sind Sie schon einmal in Spanien in ein Fischgeschäft am Meer gegangen? Es riecht kein bißchen nach Fisch. Kein Spanier würde nämlich sonst Fisch kaufen. Nun kann man ein bißchen was gegen den Fischgeruch tun. Wenn man den Fisch mit Zitronensaft oder Essig beträufelt oder einreibt, was man ohnehin vor dem Zubereiten tun sollte, weil dadurch das zarte Fischfleisch fester, würziger und weißer wird, wird auch der Fischgeruch gebunden. Aber davon wird ja Kathrin in ihrem Kapitel reden. Lassen Sie mich noch einmal auf die eigenartige Faszination zurückkommen, die von den Fischen ausgeht.

Im Alten Testament wird die Geschichte vom Propheten Jonas erzählt. Jonas wollte sich dem Auftrag entziehen, ein Prophet Gottes zu sein. Und er floh vor dem, was er tun sollte, er floh vor Gott übers Meer. Da kam ein gewaltiger Sturm, und in der Not warfen die Seeleute Jonas über Bord, denn sie glaubten erkannt zu haben, daß er es war, der den Zorn Gottes auf sie gerufen hatte. Jonas mußte nicht ertrinken. Gott schickte einen gewaltigen Fisch, der Jonas verschluckte, und er blieb drei Tage und drei Nächte im Bauch dieses Fisches, dann spie ihn der Fisch an Land. Und in den drei Tagen und Nächten hatte sich Jonas gewandelt. Nun war er bereit, nach Ninive zu gehen und den Willen des Herrn zu tun. Was sollen diese drei Tage und diese drei Nächte im Bauch des Fisches bedeuten? Sind sie nur eine hübsche Geschichte? Ich glaube nicht. Ich glaube, sie wollen bedeuten, so wie der Fisch in die Tiefe taucht, so tauchte Jonas in die Tiefe seiner Seele, dorthin, wo Gott in uns wohnt. Aus diesem Hinabtauchen ins Unterbewußte kam für Jonas die Einsicht, die Wandlung, das Begreifen dessen, was er zu tun hatte. Es ist dies jenes Eintauchen ins Unterbewußte, das jedem Menschen irgendwann widerfährt und woraus er sich selbst findet und sein Leben versteht.

Die Menschen im alten Babylon glaubten an einen Gott der Weisheit mit dem Namen Oannes. Er hatte die Gestalt eines Fisches. Und dieser Gott hatte den Menschen alle Wissenschaften geschenkt. Es ist dies dasselbe Bild, dasselbe Wissen um den Ursprung der Weisheit aus der Tiefe, zu der die Fische Zugang haben.

Die Menschen des Altertums glaubten, Fische seien eingeschlechtlich, d.h. sie seien weder männlich noch weiblich. Darum waren sie das Symbol der göttlichen Jungfraumutter und ihres Sohnes, des Heilbringers, die sowohl in der ägyptischen als in der römischen Mythologie vor Maria und Jesus bekannt waren. Und darum wurde das Zeichen der Fische auch bereits sehr früh zum Symbol des Christentums. Auf frühen christlichen Gräbern ist das Zeichen der Fische abgebildet, es ist zugleich das Zeichen der Taufe, der Christ taucht in der Taufe in das Wasser des Lebens ein wie der Fisch und er bewegt sich in der Gnade Gottes wie der Fisch im Wasser. Aber da ist noch etwas anderes.

Alle 2000 Jahre rückt der Frühlingspunkt in ein anderes Sternzeichen. Zur Zeit von Christi Geburt war dies der Übergang vom Zeichen des Widders in das Zeichen der Fische. Und so wurde das Christentum zur Religion dieses Zeitalters.

Das Sternbild der Jungfrau, das zu diesem Zeitalter gehört, bedeutet Nächstenliebe, Demut, Sanftheit und findet seinen Ausdruck in der Verehrung der Mutter Gottes Maria.

Inzwischen ist der Frühlingspunkt weitergerückt, und wir befinden uns im Übergang vom Zeitalter der Fische ins Zeitalter des Wassermanns, von dem viele Leute große Veränderungen erwarten, die ja auch schon eingetreten sind und eintreten. Manche sprechen vom Zeitalter des Heiligen Geistes, das nun kommt. Das Reich des Friedens.

Aber kehren wir noch einmal zu den Fischen zurück.

Seit altersher sollen sie Glück bringen. Darum hat man auch immer am Jahreswechsel Fische gegessen und tut das auch heute noch. Die Fische gelten als Symbole der Fruchtbarkeit, des Kindersegens und der Gesundheit. Deswegen werden Fische auch als Hochzeitsspeise gegessen, deswegen sind Fische auf Buttermodeln und auf Gebäck abgebildet, deswegen gibt es Lebkuchenfische. In Frankreich und in Italien werden zum 1. April Fischattrappen und Scherzkarten mit Fischen versandt. Fische sind typische Fastenspeisen und bei den Juden Sabbatspeisen. Fische kommen in Märchen vor und in Sagen.

Sie verkünden Unglück und Katastrophen, sie haben goldene Schuppen, die jeden Wunsch erfüllen, Augen aus Edelsteinen und goldene Kronen.

Wenn man von einem Fisch träumt, dann kann das Tod bedeuten, gute Neuigkeiten, Unglück oder Verdruß, Glück, Geld und Heirat. Leider habe ich nirgends einen Hinweis darauf gefunden, woher man im Einzelfall wissen soll, was davon nun gilt.

Ein interessanter Hinweis aber ist der, daß, wenn man um Mitternacht einen Fisch ißt, der nächste Traum in Erfüllung geht. Und fängt man einen weißen Aal, bekommt man die Gabe der Weissagung. Vielleicht sollte ich's doch noch mal mit dem Fischen versuchen.

Die Großmutter wußte ...

daß man die Süßwasserfische in drei Kategorien unterteilen kann: Zu den *Edelfischen* gehören Forellen, Felchen, Saiblinge und Aeschen. Alle Arten haben zwischen der Rücken- und der Schwanzflosse noch eine kleine Flosse, die man Fettflosse nennt. Edelfische können nach Belieben gegart werden. Sie haben wenige, gut entfernbare Gräten.
Barsche, Zander, Hechte, Aale, Trüschen, Karpfen und Schleien sind Fische der *2. Qualität*. Sie werden mit Vorteil gebraten, gebacken oder gedämpft.
Die *Weiß-* oder *Ruchfische* (Alet, Nasen, Barben, Brachsmen, Rotaugen) haben viele Gräten, die sich zudem schlecht entfernen lassen. Sie werden am besten filetiert zubereitet oder fritiert. Man sollte sie mindestens 2 Std. lang mit Zitronensaft oder Weißwein marinieren.
Der *Lachs* lebt im Meer, durchschwimmt aber zum Laichen oft Tausende von Kilometern stromaufwärts. Das Fleisch aufwärtsschwimmender Lachse, die man dann auch als Salm bezeichnet, ist rötlich und sehr schmackhaft, dasjenige von meerwärts schwimmenden Alt- und Jungtieren ist weißer und fader. Lachs darf nur ganz kurz gegart und muß sofort gegessen werden. Sonst wird er trocken.
Dank der Transportmöglichkeit in Tiefkühl- oder Kühlanlagen sind auch frische Meerfische heutzutage überall erhältlich. Beim Einkauf frischer Fische achtet man darauf, daß sie im Geschäft auf Eis aufbewahrt werden. Frische Fische haben klare Augen, festes Fleisch, riechen frisch und haben rote Kiemen. Sie sollen am Tag des Einkaufs verwendet oder sofort luftdicht verpackt tiefgekühlt werden.
Beim Kauf von tiefgefrorenen Fischen achte man auf das Verfalldatum.

Marinieren mit Zitronensaft verfeinert jeden Fisch. (Sofort nach dem Einkauf mit Zitronensaft beträufeln, im Kühlschrank eine halbe Stunde ziehen lassen).

Will man verhindern, daß Kochgeschirr Fischgeruch annimmt, spült man es vor der Fischzubereitung mit kaltem Wasser ab.

Schreibt ein Rezept «salzen» vor, so heißt das, daß man den Fisch innen und außen mit Salz einreiben soll. Aber bitte erst kurz vor dem Kochen salzen, denn Salz entzieht auch dem Fisch Wasser!

Fische, die «blau» gekocht werden, sollen zarte Haut haben und werden nicht geschuppt, sondern nur sorgfältig abgespült. Der diese Fische umgebende Schleim sollte nicht verletzt oder gar entfernt werden.

Wenn man heutzutage auch in jedem Feinkostgeschäft frische Fische geschuppt und ausgenommen kaufen kann, sollte man doch wissen, wie man diese Arbeiten selbst ausführt.

Schuppen: Den Fisch auf ein mit kaltem Wasser abgespültes Brett legen, beim Schwanz beginnend mit einem Küchenmesser entschuppen, indem man das Messer flach über den Fisch führt und so die Schuppen mitnimmt. Nicht hastig arbeiten, sonst kleben die Schuppen nachher in der ganzen Küche! Unter fließendem Wasser abspülen.

Die Flossen und den Schwanz stutzt man.

Bei Plattfischen (Flundern, Seezungen), Kopf abtrennen, durch die entstehende Öffnung Eingeweide herausholen, mit der Schere die Flossen abschneiden, Haut von hinten nach vorn abziehen.

Die Eingeweide entfernt man, indem man den Fisch am Ende der Bauchhöhle beginnend bis zum Kopf aufschneidet. Bei größeren Exemplaren benötigt man ein scharfes Messer, bei Forellen nimmt man besser eine Küchenschere. Dann lassen sich die Eingeweide herauswaschen. Darauf achten, daß man die Gallenblase nicht verletzt. Anschließend die Luftblase und eventuell zurückgebliebenes geronnenes Blut gut auswaschen.

Drei-S-System der Fischküche: Säubern, Säuern, Salzen.

Fisch, den man braten oder panieren will, muß man gut trockentupfen.

Garprobe: sobald sich die Rückenflosse herausziehen läßt, ist ein Fisch gar.

Große Fische setzt man im kalten Sud auf und rechnet pro Kilogramm etwa eine Viertelstunde Garzeit. Kleine oder zerteilte Fische gibt man in kochenden Sud und läßt sie einige Minuten zugedeckt ziehen. Ausnahme: Forellen. Siehe Rezept Forelle blau auf Seite 54.

Zum Grillieren trocknet man den Fisch gut ab, bevor man ihn mit Öl bestreicht. Er behält die Form besser, wenn man ihn auf beiden Seiten einige Male 1 – 2 cm tief einschneidet.

Schreibt das Rezept Weißwein vor, sollte man denselben Wein (der säuerlich sein soll) auch als Getränk servieren.

Wer keinen Weißwein zu Fisch trinken darf oder mag, soll es mit schwachem, mit Zitronensaft gesäuertem Schwarztee versuchen. Schmeckt auch kalt gut dazu!

Fisch verträgt sich mit den meisten Küchengewürzen und -kräutern. Je frischer und feiner der Fisch, desto sparsamer sollte man beides verwenden.

Fisch und Gesundheit

Die – religiösen Erwägungen folgende – Regel, freitags Fisch zu essen, hat auch vom gesundheitlichen Standpunkt her ihre Richtigkeit. Unsere Großmütter wußten davon vielleicht noch nicht so viel wie wir – bloß daß der häufige Verzehr von Fisch «das Gehirn stärkt», ist seit altersher bekannt (weil Fisch viel Phosphor – «Hirnnahrung» – enthält). Von den neueren medizinischen Erkenntnissen berichtet Werner auf Seite 49.

Fischrezepte

Felchen- oder Eglifilets nach Zugerart

Eigentlich sollte man nach diesem Rezept Zuger Röteli kochen. Der Röteli ist eine Saiblingart, die nur während eines Monats im Jahr gefangen wird – von Mitte November bis Mitte Dezember.

800 g Felchen- oder Eglifilets
Salz, weißer Pfeffer
2 EL Weißmehl
2 dl herber Weißwein
2 EL frische Butter
1 Zwiebel, ganz fein gehackt
je 1 KL Basilikum, Rosmarin, Salbei, Thymian, entweder frisch und feingehackt, oder die halbe Menge in getrockneter Form
2 EL Petersilie, fein gehackt
1 dl Rahm

Die Fische würzen, im Mehl wenden. Die Butter schmelzen, die Fische nebeneinander (nicht übereinander, bei größern Mengen eine weitere Pfanne nehmen!) legen, mit dem Wein übergießen, die Zwiebel und die Kräuter darüberstreuen. Auf kleinster Flamme 8 Min. köcheln lassen, die Fische wenden, 7 Min. weiterdämpfen. Auf einer vorgewärmten Schüssel anrichten, die Sauce mit dem Rahm verfeinern, etwas einkochen lassen, über die Fische gießen.
Mit Petersilie garniert zu Salzkartoffeln und grünem Salat servieren.

Thunfischpastete, Urgroßmutterart

500 g Thunfisch aus der Dose, abgetropft
3 Eier
2 EL geriebener Parmesan oder Sbrinz
100 g geriebener Fontina- oder anderer, gutschmelzender Käse
3 EL Paniermehl
2 Essiggurken, fein geschnitten
2 EL Kapern
2 EL Rosinen (kann man auch weglassen)
3 EL Senf
2 EL Worchestersauce
2 EL Dill und / oder Petersilie, fein gehackt
Salz, Pfeffer

Den Fisch mit einer Gabel im Mörser oder im Mixer zu einer möglichst feinen Masse zerkleinern, die restlichen Zutaten beigeben, auf ein Gazetuch geben, das mindestens 50 × 50 cm mißt. Die vier Ecken des Tuches hochnehmen und es zu einem festen Bündel zusammenschnüren. An eine Rührkelle in einen Topf mit kochendem Wasser hängen, 30 Min. auf kleinem Feuer ziehen lassen, abtropfen, kaltstellen. In Scheiben geschnitten, mit Zitronenschnitzen garniert zu Toast oder weißem Stangenbrot und Kopfsalat als sommerliches Nachtessen servieren. Bier oder gekühlten Schwarztee dazu als Getränk.

Forelle blau – einfachste Art

Dieses Rezept eignet sich nur für ganz kurz vor dem Zubereiten getötete Fische. Wenn Sie in einem Restaurant eine Forelle blau serviert bekommen, die nicht flach auf dem Teller liegt, sondern sich gebogen hat: reklamieren Sie nicht. Dies ist das untrügliche Zeichen für einen ganz frischen Fisch!

> 1 *Forelle, frisch getötet, ausgenommen, gewaschen, etwa 250 g schwer*
> 2 *Zitronen: 1 Hälfte für Saft, 1 Hälfte in Scheiben zum Servieren, 1 ganze Zitrone in Schnitze geschnitten für Sud*
> 2 l *Wasser*
> 3 dl *guter Weißweinessig*
> 1 EL *Salz*
> 30 g *frische Butter*

Die Forelle mit dem Saft einer halben Zitrone beträufeln. ½ Std. ziehen lassen, Wasser, Weinessig, Salz, Zitronenschnitze miteinander aufkochen. Pfanne vom Feuer nehmen, Forelle hineinlegen, zudecken, 10 Min. ziehen lassen. Die Butter braun werden lassen, in gewärmtem Gefäß anrichten. Mit Zitronenscheiben, Salzkartoffeln, grünem Salat servieren.

Fischvögel

Der Titel tönt zwar paradox – aber weshalb sollen wir denn in der Küche immer nur Fleischvögel zubereiten. Auch flache Fischstücke lassen sich bestens mit einer Füllung versehen, rollen und dann überbacken.
Felchen- oder Flundernfilets eignen sich am besten dafür.

600 g Fischfilets, frisch oder tiefgekühlt
(im letzteren Fall aufgetaut)
Saft einer Zitrone
½ KL Salz
2 EL milder Senf
1 Knoblauchzehe, gepreßt
2 EL Kerbel oder Petersilie,
fein geschnitten
8 Tranchen ganz fein geschnittener Rohschinken, am besten Parmaschinken
3 EL Mehl
2 EL Olivenöl
3 dl Fischfond oder Hühnerbouillon
4 EL geriebener Parmesankäse
2 EL frische Butter
4 halbierte Tomaten, einige
schwarze Oliven

Die Filets ausbreiten, mit Zitrone beträufeln, ½ Std. marinieren lassen, salzen. Aus Senf, Knoblauch, Kräutern eine Paste rühren, diese auf eine Seite der Filets streichen, mit dem Schinken belegen, aufrollen, mit einem Zahnstocher heften oder mit Garn umwickeln (der Schinken darf hervorschauen), im Mehl wenden. Das Öl heiß werden lassen, die Fischvögel darin ringsum anbraten, in eine Auflaufform legen, mit dem Fischfond begießen, mit dem Käse und den Butterflöckchen bestreuen, mit Tomaten und schwarzen Oliven umlegen, 20 Min. im auf 150° vorgeheizten Backofen überbacken. Blattsalat, mit Weißweinessig angemacht, dazu.

Marinierter Fisch

Dazu verwendet man mit Vorteil kleine Fische. In einem italienischen Kochbuch heißt es einfach: pesciolini, also «Fischchen», ein anderes spricht von Schleien, in einem schweizerischen wiederum werden kleine Felchen empfohlen – und in Süddeutschland nimmt man Rotaugen. Ich denke, daß das Rezept aus südlichen Ländern stammt, weil es erlaubt, den frischen Fisch wenigstens für kurze Zeit zu konservieren. Außerdem ist «pesce in carpione», so heißt es auf italienisch, ein herrliches Essen für heiße Tage.

1 kg kleine Fische ohne Kopf und
Schwanz
Saft von 2 Zitronen
1 KL Salz
6 gehäufte EL Mehl
3 EL Sonnenblumenöl
2 Lorbeerblätter
2 Zweige Rosmarin
2 Zweige Dill
2 Zweige Thymian
2 Knoblauchzehen
1 Zwiebel, fein gehackt
1 Stange Bleichsellerie, fein geschnitten
2 Karotten, fein geschnitten
genügend guter Weißweinessig,
um die Fische damit zu
bedecken.

Man beträufelt die Fische mit dem Zitronensaft, läßt ½ Std. ziehen. Dann trocknet man sie auf einem Küchenpapier gut ab, reibt sie mit Salz ein, wälzt sie im Mehl, brät sie im gut erhitzten Öl auf beiden Seiten goldbraun. Dann legt man sie beiseite, läßt im verbliebenen Öl die Gemüse und die Kräuter hellbraun werden, löscht mit dem Essig ab. Nun gibt man lagenweise die Fische und die Gemüse/Kräutermischung in eine möglichst enge Schüssel, übergießt mit dem Essig, läßt an einem möglichst kühlen Ort 24 Std. durchziehen. Dazu gehört herber Weißwein oder Bier.

Fischsalat

600 g	Meerfisch, z. B. Kabeljau, in mundgerechte Stücke geschnitten
1½ l	Wasser
2 dl	herber Weißwein
1 KL	Salz
1 Glas	Joghurt
	Saft von 1½ Zitronen
	abgeriebene Schale von ½ Zitrone
1 mittelgroße	Zwiebel, ganz fein gehackt
2	Essiggurken, fein geschnitten
1 EL	Pinienkerne
4	feingeschnittene Sardellen
1 KL	feingeschnittenes Basilikum
	Salz, weißer Pfeffer
	einige Zweiglein Petersilie, Tomatenschnitze, Zitronenscheiben

Die Fischstücke im Sud 20 Min. blanchieren, entgräten, Haut entfernen. Den Sud nachher zusammen mit den Abfällen einkochen zu Fischfond.

Aus den übrigen Zutaten eine Sauce rühren, über die Fischstücke geben, kühlstellen, vor dem Servieren mit Petersilie, Tomatenschnitzen und Zitronenscheiben garnieren. Weißes Stangenbrot oder Salzkartoffeln dazu.

Fischvögel nordische Art

600 g	Fischfilets, frisch oder tiefgekühlt (im letzteren Fall aufgetaut)
	Saft einer Zitrone
½ KL	Salz
200 g	Rahmquark
1	Ei, gut verquirlt
2 EL	feingeschnittener Dill
	weißer Pfeffer
einige	Spritzer Maggi-Würze
1	mittelgroße Zwiebel, fein gehackt
2 EL	frische Butter
1 Glas	Joghurt
1 EL	Schnittlauch, fein gehackt

Die Filets ausbreiten, mit Zitrone beträufeln, ½ Std. marinieren lassen, salzen, aus Rahmquark, Ei, Dill, Pfeffer, Maggi-Würze und Zwiebel eine Paste rühren, diese auf eine Seite des Filets streichen, dann Filets aufrollen, mit einem Zahnstocher heften oder mit Garn umwickeln. In eine Auflaufform legen, das Joghurt darüberleeren, mit den Butterflocken bestreuen. Im auf 200° vorgeheizten Backofen 30 Min. überbacken, mit Schnittlauch bestreut servieren. Dunkles Brot und grüner Blattsalat schmecken gut dazu.

Rotaugen in Weinessig

ca. 10	Rotaugen
½ l	Weißweinessig (7°)
¼ l	trockener Weißwein
¼ l	Wasser

10 Wacholderbeeren
1 Thymianstrauß
3 – 4 Lorbeerblätter
Zwiebelringe von 2 Zwiebeln

Die Fische entschuppen, ausnehmen und mit einer Schere die Flossen abtrennen. Die Fische salzen und pfeffern, in Milch tauchen und darauf in Mehl wenden. Nun werden die Fische in Butter gebacken (oder fritiert), bis sie goldbraun sind. Der gebackene Fisch wird in ein Steingutgefäß gelegt.
Die Zutaten zusammen aufkochen lassen, mit Pfeffer und Salz abschmecken. Den Fisch mit der lauwarmen Marinade bedecken und im Kühlraum 2 Tage ziehen lassen.

Lachs mariniert

1 kg Lachsfilet
1 KL feines Salz
4 EL Zucker
weißer Pfeffer aus der Mühle
kleingezupftes Fenchelkraut
(notfalls Dill)
kleingezupfter Kerbel
fein zerhackte Petersilie
fein geschnittener Schnittlauch
10 bis 15 zerdrückte Korianderkörner
1 EL Olivenöl

Den Lachs vom Fischhändler entschuppen, filieren und entgräten lassen.
Das Lachsfilet auf eine Platte legen, mit Zucker und Salz bestreuen und pfeffern. Anschließend den Lachs mit einer Klarsichtfolie abdecken und kühl lagern lassen. Nach ca. 24 Stunden hat sich auf der Platte eine Flüssigkeit gebildet, die weggegossen wird. Nun bestreut man das Lachsfilet mit den oben aufgeführten Kräutern.
Anschließend das Lachsfilet mit dem Olivenöl begießen und 12 Stunden ruhen lassen. Kalt servieren.

Der Traum, der in der Tasse duftet

Eines Tages war die Not zu Ende. Die Schlacht war geschlagen, die Tore der Stadt wurden wieder geöffnet, die Bewohner von Wien strömten hinaus, die Reiter aus Polen hatten den goldenen Apfel gerettet. Goldener Apfel, so nannten die Türken Wien. Der Markgraf aus Baden hatte gesiegt, der Marschall des Reiches, während daheim in seinem Land an der Murg und an der Oos die Truppen Frankreichs das wehrlose Land überfielen, Baden-Baden verbrannten, Rastatt, Hirsau. Überstürzt waren die Türken abgezogen aus der Ebene an der Donau, ihre Zelte waren stehen geblieben, ihre Kanonen, der Harem des Kara Mustafa, Gold, kostbare Teppiche und ... Säcke voll Kaffee, Hunderte von Säcken Kaffee. Alles fand Liebhaber, die Waffen, das Gold, die Frauen, die Pferde, die Teppiche, die Säcke mit den unbekannten Bohnen blieben stehen.

Nur einer erkannte ihren Wert und sicherte sich diesen Teil der Beute, nachdem man drauf und dran war, das vermeintliche Kamelfutter in die Donau zu werfen. Georg Franz Kolschitzky gründete 1683 auf der Grundlage des Türkenkaffees das Kaffeehaus «Zur blauen Flasche». Aber schon 1679 hatte es in Hamburg ein Kaffeehaus gegeben, und innerhalb von wenigen Jahrzehnten verbreitete sich die Leidenschaft, Kaffee zu trinken, über ganz Europa.

Aus Äthiopien kam das Getränk, und es ist auf merkwürdige Weise mit dem Siegeszug des Islam verbunden. Nach einer arabischen Legende brachte der Erzengel Gabriel dem Propheten Mohammed, der übernächtigt war und geschwächt vom Fasten und Beten in der Wüste, die erste Tasse Kaffee sozusagen vom Himmel. Da Mohammed den Muslimen das Trinken von Wein und anderen Alkoholika verboten hat, kam der Kaffee gerade recht. Und tatsächlich bedeutet der arabische Name «Qahwa» nichts anderes als Wein. Die Türken machten daraus «Qahwe», daraus wurde dann Kaffee, café, coffee.

In Äthiopien wächst der Kaffee wild. Bis heute ist Coffea Arabica, der Bergkaffee, die wichtigste, beste Sorte. Es gibt noch zwei andere Sorten: den Coffea Robusta und Coffea Liberica. Aber sie spielen wegen ihrer geringeren Qualität auch eine weit geringere Rolle als der Arabica.

Bis man den Kaffee schwarz und duftend in der Tasse hat zum Frühstück, braucht es eine ganze Menge komplizierter Vorbereitung. Der wilde Kaffeebaum erreicht eine Höhe bis zu 15 Meter. Natürlich ist das unpraktisch für die Ernte, und so werden denn die Pflanzen durch Beschneiden auf die Höhe von 3 Metern gehalten. Die Arabica-Pflanzen gedeihen am besten zwischen 700 und 2000 Meter ü. M., die beiden anderen Arten besser unter 700 Meter. Auf alle Fälle ist ein heißes, feuchtes Klima erforderlich und ein fruchtbarer Boden. Am Kaffeebaum reifen mehrmals im Jahr rote Beeren, die zwei Bohnen oder Samen enthalten. Diese roten Beeren haben ein süßes, klebriges Fruchtfleisch, aus dem man auch einen Likör herstellen kann. Um aber Kaffeebohnen zu bekommen, werden einfach die Bäume geschüttelt, und die herabfallenden reifen Beeren werden aufgelesen. Bei teuren Kaffees hoher Qualität wird bis heute die Ernte von Hand besorgt. Für den weiteren Fortgang der Ernte gibt es zwei Verfahren, das Trockenverfahren und das Naßverfahren. Beim Trockenverfahren werden die roten Kaffeefrüchte ca. drei Wochen in der Sonne getrocknet, danach werden sie maschinell geschält: das trockene Fruchtfleisch löst sich von den Bohnen. Beim Naßverfahren werden die geernteten roten Beeren gewaschen und ebenfalls maschinell geschält, danach unterliegen sie einem Teilfermentierungsverfahren, d.h. man läßt die Beeren vergären, bei einem weiteren Waschverfahren löst sich dann der Rest der süßen klebrigen Masse. Da und dort werden die Bohnen sogar poliert.

Für 1 kg Kaffee sind 4000 Bohnen erforderlich. Aber die Bohnen sind jetzt noch grün, und in diesem Zustand werden sie auch aus den kaffeeerzeugenden Ländern exportiert. Noch können sie nicht genossen werden, sie brauchen die Röstung.

Eines Tages, es mag vielleicht 1946 gewesen sein, jedenfalls in den schlimmen Tagen nach dem Krieg, erhielten wir eine gewisse Menge grüner Kaffeebohnen, wer weiß woher.

Jedenfalls hat Mutter diese Bohnen geröstet. Damals gab es in Freiburg nur für wenige Stunden Gas. Also hat Mutter jeden Tag den Herd – sie hatte einen kombinierten Herd, Gas und klassischer Herd für Holz und Brikettbetrieb – angefeuert. Holz mußte ich im Wald sammeln. Und auf diesem Herd, d.h. auf dessen heiße Herdplatte hat Mutter einen alten Gußeisentopf gestellt, hat die grünen Bohnen hineingetan und fortwährend mit einem alten Kochlöffel gerührt. Zunächst nahmen die Bohnen eine gelbliche Farbe an. Zugleich begann sich die Küche mit einem überaus friedlichen Duft zu füllen. Dann wurden die Bohnen allmählich braun und fingen an, dicker zu werden. Ich hatte mich schon die ganze Zeit über die kleinen Kaffeebohnen gewundert. Aber woher soll man wissen, daß Kaffeebohnen erst beim Rösten ihre Größe erhalten. Sie sind dann fast doppelt so groß wie grüne Bohnen. Als ich nach dem Krieg zum ersten Mal wieder in die Schweiz kam, hatte ich den Eindruck: hier riecht es nach Frieden. Dieser Duft setzte sich zusammen aus dem Duft der Apfelsinen und Bananen in den Auslagen der Gemüsegeschäfte und dem Duft von frisch geröstetem Kaffee. Frisch geröstet schmeckt der Kaffee am allerfeinsten. Und darum hat die Großmutter früher grundsätzlich ihren Kaffee selbst geröstet. Und zwar genauso viel, wie sie innerhalb einer bestimmten Zeit auch verbrauchte.

Aber: Keine Kaffeesorte ist wie die andere, und selbst dieselbe Kaffeesorte unterscheidet sich von Lieferung zu Lieferung. Daher ist das Ziel des professionellen Kaffeerösters, durch Mischung unterschiedlicher Sorten und eine möglichst gleichbleibende Röstung stets denselben Geschmack zu erzielen. Die Unterschiedlichkeit der einzelnen Kaffeelieferungen liegt am wechselnden Klima, an Bodenverhältnissen und Verarbeitungsmethoden im Erzeugerland. Großmutters Selbstgebrannter hat nie genauso geschmeckt wie beim letzten Mal. Auch die Intensität der Röstung ist für den Geschmack ausschlaggebend. Es gibt vier Hauptröstarten: Die «starke» oder «doppelte» Röstung ergibt einen starken bitteren Geschmack. Die «volle» Röstung ergibt einen leicht bitteren Geschmack, schmeckt andererseits aber nicht so verbrannt wie die starke Röstung. Kaffee mit «mittlerer» Röstung hat einen starken Geschmack, ist aber nicht bitter, während die «leichte» oder «blasse» Röstung den Geschmack und das Aroma milder Bohnen voll entfaltet.

Bei uns in Deutschland bevorzugt man eine sehr milde Röstung, was dazu führt, daß manche Leute ihren deutschen Kaffee mit in den Urlaub nehmen, und an manchem italienischen Café steht geschrieben: «Deutscher Kaffee und Apfelkuchen». Ich mache dann einen Bogen um das Café, denn ich gehöre zu den Leuten, die ihren Kaffee in der Südschweiz, in Italien oder in Frankreich einkaufen. Ich liebe den Kaffee bitter.

Ich liebe den bitteren, starken Geschmack, aber nicht nur das. Mild gerösteter Kaffee macht mir Magenweh, und wenn ich ihn am Abend trinke, bekomme ich Probleme mit dem Schlafen. Den bitteren, starkgebrannten Kaffee aber vertrage ich ohne jedes Problem. Nun hängt der Geschmack natürlich nicht nur von der Röstung ab, sondern auch von der Sorte. Die Lufthansa hat seit einigen Jahren in ihren Flugzeugen «Columbia»-Kaffee eingeführt. Ich weiß es deswegen, weil man bei der Bestellung einer Tasse Kaffee immer auch einen kleinen Prospekt bekommt, in dem man über die Herkunft des Columbia-Kaffees aufgeklärt wird. Ich finde diesen Kaffee besonders fein und versuche, wenn immer es geht, auch Columbia-Kaffee für den täglichen Bedarf zu kaufen. Columbia vereinigt kräftigen Geschmack mit geringem Säuregehalt (der Säuregehalt ist es, der Magenweh macht. Er wird bei starkem Brennen zerstört!) Darum schmecken mir Columbia-Sorten auch dann, wenn sie weniger stark gebrannt sind. Mild schmeckt der Costa-Rica-Kaffee, der ebenfalls wenig Säure hat. Auch Santos und Rio geben einen Kaffee mit mildem, weichem Geschmack ohne Säure. Kenia-Kaffee ergibt einen kräftigen Kaffee mit einem scharfen Geschmack. Mocca ist eine der feinsten Kaffeesorten der Welt. Eine Arabica-Art, die ursprünglich aus dem Jemen kommt, aber leider gibt es so wenig echten Mocca, daß mit Mocca auch Kaffeemischungen aus Äthiopien, Nicaragua und Honduras bezeichnet werden. Für mich ist Kaffee immer wieder ein Wunder. Wer ist auf all die komplizierten Herstellungsmethoden gekommen? Wie kommt man auf die Idee, die Samen einer Beere zu trocknen, zu rösten, zu mahlen und dann zu überbrühen? Apropos mahlen. Viele Hausfrauen benutzen gemahlenen Kaffee, der durch die Vakuumverpackung natürlich lange hält. Geöffnet verliert er aber relativ schnell sein gutes Aroma. Frisch gerösteter Kaffee ist nur ein bis zwei Wochen «röstfrisch», danach verliert er allmählich seinen Geschmack, nach einem Jahr ist er verdorben. Mahlt man den Kaffee selbst, so muß man darauf achten, daß die Mahlmethode den Kaffee möglichst nicht erhitzt, weil sonst die flüchtigen Aromastoffe des Kaffees verloren gehen. Das bedeutet, die elektrischen Kaffeemühlen, bei denen sich in den Kaffeebohnen ein Messer sehr schnell dreht und die sozusagen die Kaffeebohnen zerschlagen und durch dieses Zerschlagen erhitzen, schaden dem Aroma kolossal. Eine Kaffeemühle sollte ein Mahlwerk haben, und am allerbesten ist Großmutters Kaffeemühle, die man zwischen die Knie klemmt oder die an der Wand montiert ist und die man von Hand dreht. Für mich ist das Gefühl «daheim» verbunden mit dem Geräusch der Kaffeemühle am Sonntagmorgen, wenn mein Vater den Sonntagskaffee gemahlen hat – am Werktag gab es Malzkaffee bei uns – und ich von diesem Geräusch erwachte. Meine Mutter hat immer nur so viel Kaffee gemahlen, wie sie gebraucht hat. Das war eine «Schublade» voll der Kaffeemühle. Heutzutage wird der Kaffee fast überall, wo ich hinkomme, gefiltert. Nur bei wenigen Leuten sehe ich, daß sie das Kaffeepulver in die Kaffeekanne geben und überbrühen.
Die Methode meiner Mutter war so: sie stellte kaltes Wasser auf, schüttete den Inhalt der Schublade ihrer Kaffeemühle auf das Wasser. Der Kaffee bildete eine Schicht auf dem Wasser. In dem Augenblick, wo das Wasser zu kochen begann, öffneten sich Spalten in der Kaffeeschicht. Die Schicht brach auf, und das strudelnde Wasser kam heraus. In diesem Augenblick kochte meiner Mutter der Kaffee oft über. Darum wurde ich an dem Kaffeetopf postiert, mußte in dem Augenblick, wo er zu kochen begann, eine Kaffeetasse kaltes Wasser hineinschütten, mit einem Löffel umrühren und das Gas ausschalten. Dann wurde dieser kochende Kaffee unmittelbar in die Kaffeekanne gegossen. Er duftete herrlich, schmeckte aber anders als gefilterter Kaffee. Er blieb auf dem Satz stehen, der sich

auf dem Boden der Kaffeekanne ansammelte. Diesen Kaffeesatz verwendete übrigens meine Mutter zum Düngen des Schnittlauchs und der Blumen. Für die Blumen hatte sie eine alte Kaffeekanne, in die kam am Sonntag der Kaffeesatz und während der Woche die Schalen frisch geöffneter Eier. Das Ganze stank fürchterlich, aber Mutters Blumen dankten ihr für dieses Gießwasser.
Bei den griechischen Freunden habe ich den griechischen Kaffee kennengelernt. Der griechische Kaffee ist eigentlich türkischer Kaffee. Aber bekanntlich lieben sich Griechen und Türken nicht gerade. Schließlich haben die Türken den Griechen schlimme Dinge angetan, und so spreche ich aus Solidarität zu meinen griechischen Freunden auch von griechischem Kaffee. Um ihn herzustellen, braucht man ganz feines Kaffeepulver. Dieses Kaffeepulver wird in den bekannten kleinen Kupferkännchen zusammen mit mehr oder weniger viel Zucker und Wasser gekocht. Der Kaffee muß dreimal aufkochen, jedesmal kommt wieder etwas kaltes Wasser dazu. Man bestellt ihn je nach Geschmack «Sketto», d. h. ohne Zucker, «Glyko», d. h. sehr süß und «Metrio», d. h. für unsere Verhältnisse auch noch ganz schön süß. Ich ziehe allerdings dem griechischen Kaffee den Espresso vor. Auch beim Espresso gibt es unterschiedliche Bezeichnungen. Da gibt es den «Ristretto», das ist schieres Kaffeekonzentrat. Das Gegenteil ist der «Lungo», sozusagen verdünnter Espresso. Beim «Doppio» bekommt man einen Doppelten, von der Menge her, der «Macchiato» ist mit Milch, der «Liscio» ist ohne Milch und sozusagen Sketto, beim «Corretto» befindet sich im Espresso noch ein Schnäpschen drin, z. B. Corretto Grappa oder Cognac. Den Cappuccino krönt Milchschaum mit etwas Schokoladenpulver. Den allerfeinsten Kaffee aber gibt es in Wien. Ich weiß nicht, woran es liegt, liegt es an der Art des Kaffeebrennens oder liegt es am Wasser. Nirgends schmeckt Kaffee wie in Wien.
Überhaupt das Wasser. In den meisten Orten ist das Trinkwasser gechlort. Chlor wiederum zerstört Aromastoffe. Das wenigste ist, daß man das Wasser zweimal aufkocht, ehe man den Kaffee damit überbrüht, damit das Chlor entweicht. Viele meiner Bekannten fahren in den Schwarzwald, um an einer Quelle das Kaffee- und Teewasser wenigstens für einige Tage als Vorrat zu holen. Einige benutzen Plastikkanister, und ich habe den Verdacht, daß sie damit wieder alles verderben. Noch besser ist Regenwasser, wenn man eine Möglichkeit findet, es aufzufangen, oder in Gottes Namen Mineralwasser.
Aber genug. Vielleicht noch einen kleinen Blick auf den Aberglauben, der sich mit dem Kaffee verbindet. Im allgemeinen kann man sagen, je länger ein Nahrungsmittel in unserer Kultur bekannt ist, desto mehr Aberglaube verbindet sich mit ihm und umgekehrt. Beim Kaffee ist das erstaunlich: obwohl er gerade 300 Jahre in Deutschland getrunken wird, verbindet sich eine ganze Menge Aberglauben mit dem Kaffee.
Wenn man kalten Kaffee trinkt, wird man schön.
Wenn Mädchen in den Kaffee zuerst den Rahm und dann erst den Zucker geben, werden sie alte Jungfern oder der Schatz wird ihnen untreu.
Man bekommt eine böse Schwiegermutter, wenn man noch Kaffee in der Tasse hat und gießt nach.
Ist Schaum auf dem Kaffee, bekommt man Geld.
Ziehen sich alle Schaumbläschen in der Mitte der Tasse zusammen, so gibt es schönes Wetter.
Schluckt man den Zuckerschaum auf dem Kaffee auf einmal hinunter, so bekommt man in kurzer Zeit ein liebes Geschenk. Viel Kaffeesatz in der Tasse ist ein Vorzeichen vieler Tränen. Wenn ein Mädchen die Kaffeekanne offen stehen läßt, laufen ihm alle Freier fort.

Viele meiner weiblichen griechischen Bekannten prophezeien aus der Kaffeetasse. Zu diesem Behuf wird die kleine griechische Kaffeetasse nach dem Austrinken umgestülpt auf die Untertasse gestellt. Der griechische Kaffee, der ja mit dem Kaffeepulver gekocht worden ist und deshalb viel Satz hat, eignet sich zum Prophezeien besonders gut, denn der in der Tasse nach unten fließende Satz macht Figuren auf der Innenwand der Kaffeetasse. Und diese Figuren lassen sich deuten.
Hier bei uns läßt man den Kaffeesatz, wenn aller Kaffee abgeflossen ist, 1 Stunde ruhig stehen, darauf wird der Satz nochmals erwärmt, mit etwas Wasser angerührt und in kleinen Mengen auf einen trockenen Teller gegossen. Dieser wird ungefähr 1 Minute hin und hier geschwenkt, die dann noch vorhandene Flüssigkeit wird abgegossen. Die zurückbleibenden Kaffeesatzteilchen bilden Figuren, die gedeutet werden können.

Ist Ihnen schon einmal aufgefallen, daß Kaffee- und Teetrinker ganz unterschiedliche Menschen sind?

Es ist ungefähr der gleiche Unterschied wie zwischen Zigarettenrauchern und Pfeifenrauchern. Ganze Völker kann man unterscheiden. Bei uns in der Bundesrepublik trinken die bedächtigen Menschen des Nordens Tee, während wir im Süden viel mehr Kaffeetrinker sind. Die ganz hitzigen und temperamentvollen Menschen rund ums Mittelmeer trinken Kaffee, auch noch in der Form von winzigen Täßchen, sozusagen für den schnellen Schluck, den türkischen Kaffee und den Espresso, während die Engländer Tee trinken, und die Chinesen und die Japaner und die Russen. Man ist geneigt anzunehmen, daß Extravertierte Kaffee trinken, introvertierte, mehr innerlich veranlagte Menschen eher Tee.
Den Versuch zu machen, hier auf wenigen Seiten über Tee zu schreiben, ist fast vermessen. Der Tee ist eine ganze Kultur.
Diese Geschichte wird über die Entstehung des Tees erzählt: Ein Schüler Buddhas mühte sich um Versenkung. In seinem Meditieren fielen ihm immer wieder die Augen zu. Er schlief ein. Nun weiß jeder, der irgend einmal sich mit der Meditation beschäftigt hat, wie leicht man dabei einschläft. Die Mönche kennen das, wenn sie in der Nacht sitzen und beten. Manch einer macht sich dann Vorwürfe, daß ihn die Schwäche des Körpers überwältigt hat. Dabei ist dieses Einschlafen der Ausweis dafür, daß man sich ganz entspannt hat, daß man seine Gedanken ganz von irdischen Dingen und Sorgen gelöst hat, daß man sich dem idealen Zustand der Meditation annähert. Natürlich, wirkliche Meditation ist fern vom Einschlafen. Aber wer beim Meditieren und Beten einschläft, ist wenigstens auf einem guten Weg. Unser buddhistischer Weiser aber verlor die Geduld mit sich selbst. Als er wieder einmal eingenickt war, nahm er ein scharfes Messer und schnitt sich die Augenlider ab. Dort, wo er seine Lider hinwarf, wuchs über Nacht ein Strauch, aus dessen Blättern man einen Aufguß machen konnte, der einen wach hielt, der Tee. Das hat er mit dem Kaffee gemeinsam, daß er den Menschen wach hält.
Haben Sie bemerkt, daß beide klassischen Getränke, der Kaffee und der Tee, mit Weltreligionen verbunden sind? Den Kaffee bringt der Erzengel Gabriel dem Propheten Mohammed vom Himmel, der Tee wächst aus den Lidern eines Heiligen. Der Kaffee ist mit dem Islam verbunden, der Tee mit dem Buddhismus. Der Islam, das ist eine Religion des aktiven Lebens. Der Buddhismus geht nach

innen, geht zu Wirklichkeiten, die hinter der Welt liegen, überwindet vor allem das Ich, sucht einen Weg, den Menschen vom Rad des Werdens und Vergehens, des Sterbens und Wiedergeborenwerdens zu lösen, sucht einen Weg ins Nirwana, ins Unaussprechliche, ins Nichtsein, in einen Zustand, wo kein Ich ist und kein Du, kein Gott und kein Mensch, kein Sein und kein Nichtsein. In der japanischen Teezeremonie hat das Teetrinken seine höchste Form gefunden. Vielleicht gibt es überhaupt in der Geschichte der Menschheit keine anspruchsvollere, kultiviertere, durchgeistigtere Form des Essens und Trinkens als die Teezeremonie. Es ist sehr schwer für einen westlichen Menschen zu begreifen, was hinter der Teezeremonie steckt. Und ich bilde mir keinen Augenblick ein, es zu verstehen. Aber vielleicht kann man sich der Teezeremonie ein bißchen annähern. Die Teezeremonie heißt auf japanisch Cha-do. Die Silbe «do» bedeutet Weg. «Judo» ist der sanfte Weg der Verteidigung, «Cha-do» ist der «Teeweg». Mit dem Weg ist der Weg zum Menschen selbst gemeint. Japan kennt einige solche Wege. Ikebana, die Kunst des Blumensteckens, ist so ein Weg, Bogenschießen, mit dem Schwert kämpfen, Tuschemalen. Alle diese Künste gehen zurück auf eine bestimmte Form des Buddhismus, deren Ausprägung in Japan «Zen» heißt. Zen hat sehr viel mit Meditation zu tun, und viele junge Japaner gehen auch heute noch für einige Zeit in ein Zen-Kloster, um dort sich Zen zu nähern. Sie sitzen stundenlang in den Meditationshallen, blicken auf einen Punkt an der gegenüberliegenden Wand. Durch die Reihen der Meditierenden schreitet ein Mönch mit einem Holzscheit, mit dem er die Meditierenden, die darum bitten, auf die Schultern schlägt, damit sie sich nicht verkrampfen. Meditation hat im Westen den Sinn, sich selbst zu finden und Gott zu finden. Die Meditation der Athos-Mönche hat den Sinn, die Person des Mönchs ganz mit Gott zu durchtränken. Das ist unbegreiflich genug, aber immerhin ein westlicher Weg. Die Jünger des Zen mühen sich um das Gegenteil, aufzuhören Ich zu sein, von der Person abzusehen, in ein Nichtsein einzutauchen. Dies ist noch unbegreiflicher und noch weniger zu vollziehen. Aber vielleicht ist es dasselbe.
Was hat das mit Tee zu tun? Das Teehäuschen, in dem die traditionelle Teezeremonie stattfindet, besteht aus rein organischen Baustoffen: Bambus, Stroh, Reispapier. Es ist umgeben von einem der winzigen japanischen Gärtchen, die das Äußerste darstellen an Landschaftsgestaltung, an höchster ästhetischer Perfektion. Im Teehäuschen wird die Teezeremonie vollzogen, nach strengen rituellen Vorschriften. Auch dieser «Weg» hat den Sinn, die Grenze zwischen dem Menschen und der ihn umgebenden Natur zu verwischen, den Menschen zu einer Höchstform seines Menschseins zu führen, wo jede Bewegung, jedes Sprechen, jede Aufnahme von Nahrung so durchgeistigt wie möglich ist, so sehr im Einklang mit der Natur und der Natur des Menschen steht wie möglich. Wenn ein Mann es weit gebracht hat an Erkenntnis und Einsicht, dann sagt man in Japan von ihm «er hat Tee in sich». Und noch immer ist das Zeichen für Tee und Augenlid in der chinesischen Schrift dasselbe.
Das Teetrinken ist mit der Geschichte der ältesten Kultur der Menschheit, der chinesischen, eng verbunden.
Das Teetrinken verliert sich in einer uralten Vergangenheit. Das erste Zeugnis, das schriftlich existiert, geht auf einen Kaiser namens Shen-Nung zurück, der im 3. Jahrtausend vor Christus gelebt hat. Während die Gewürze, die Seide, das Porzellan den Westen, Europa auf dem Rücken von Kamelen über die berühmte Seidenstraße quer über die Gebirge und Wüsten Asiens schon zu Zeiten der Griechen und Römer erreichten, der Tee fand diesen Weg nicht. Die Reisenden des 12. und 13.

Jahrhunderts wie Marco Polo machten zwar in ihren Erzählungen und Büchern Bemerkungen über ein seltsames Getränk, aber niemand achtete darauf. Seltsamerweise weiß man fast auf das Jahr genau, wann der Tee nach Europa kam. Es waren die Holländer, die 1610 die ersten Teekisten aus Japan anlandeten. Sie hatten den Tee merkwürdigerweise gegen Salbei getauscht. Eine Kiste Tee gegen 3 Kisten Salbei. Am 2. Januar 1637 gab die holländisch-ostindische Kompanie Anweisung an ihre Handelsniederlassung, jedem Schiff, das nach Holland fahre, einige Kisten Tee mitzugeben, da für Tee eine Nachfrage bestünde. 1644 zogen die Engländer nach. Die ersten hundert Pfund Tee «von der besten Sorte, die zu haben ist» wurden bestellt. Es dauerte keine hundert Jahre, da wurden Jahr für Jahr zwischen 20 und 40 Millionen Pfund Tee aus China nach England eingeführt. Ende des 18. Jahrhunderts gab eine Londoner Arbeiterfamilie mehr als 5% ihres Einkommens für Tee aus. Aber nicht nur in England wurde Tee getrunken. Das 18. Jahrhundert hatte eine große Liebe zu allem, was aus China kam. Chinesisches Porzellan, hauchdünn und durchscheinend, war das Geschirr der reichen Leute, und als Anfang des 18. Jahrhunderts der Alchimist Böttcher, der im Auftrag des Königs August d. Starken von Sachsen Gold zu machen versuchte, dabei versehentlich das Porzellan – man muß sagen – wiedererfand und damit für den schwierigen Import aus China Konkurrenz schuf, da kam das genau zur rechten Zeit. In der neuen Porzellanmanufaktur Meißen entstanden Teeservices für den Genuß des neuen Getränks.

Eines allerdings ist merkwürdig: Man hatte Räume, die in chinesischem Stil ausgemalt waren. Man hatte chinesische Lackmöbel, man hatte chinesisches Porzellan, man trug chinesische Seide. Chinesische Weisheit und Lebensart fanden keinen Eingang im Westen.

Weltgeschichte hat der Tee sogar gemacht. Die Vereinigten Staaten begannen damit ihre Geschichte, daß in Boston als Indianer verkleidete Siedler ein englisches Frachtschiff stürmten und seine Fracht, nämlich Teekisten, ins Wasser warfen. Damit begann der Unabhängigkeitskrieg der Amerikaner.

Noch ein Krieg, ein sehr schlimmer, ist eng mit dem Tee und dem Teehandel verbunden. Die chinesischen Händler, von denen die Engländer ihren Tee kauften, nahmen keine Ware, sondern nur bares Silbergeld. China hatte sich gegenüber dem Westen und seinen industriellen Produkten völlig abgeschirmt. Da begannen die Engländer, den Chinesen Opium zu verkaufen, das in der englischen Kronkolonie Indien angepflanzt wurde. Als sich die Chinesen gegen die Einfuhr der tödlichen Droge wehrten, da begann England den Opiumkrieg. Seine überlegenen Kriegsschiffe schossen die mittelalterlichen Dschunken der Chinesen zusammen. Das englische Expeditionsheer wurde mit den Chinesen leicht fertig. Den verlorenen Krieg mußten die Chinesen mit der Erlaubnis bezahlen, ungehindert Opium nach China einzuführen.

Schnelle Segelschiffe, die sogenannten Teeklipper, brachten die neue Tee-Ernte auf dem schnellsten Weg nach England. Um den 30. Mai herum fuhren die Schiffe in den chinesischen Häfen ab. Anfang September erreichten sie London. Die Fahrt war ein mörderisches Rennen um das Kap der Guten Hoffnung, bei dem die Kapitäne alles aus dem Schiff und der Mannschaft herausholten. Die Schiffe hatten jeweils über eine Million Pfund Tee der frischen Ernte an Bord. Als der Suezkanal eröffnet war, war der Weg um 7000 km kürzer, gleichzeitig übernahmen mehr und mehr Dampfschiffe den Transport des Tees. Einer der alten Klipper hat überlebt. Es ist die Cutty Sark, die im Hafen von London liegt.

Aber woher kommt der Tee? Ursprünglich war er eine Dschungelpflanze, die sozusagen das Unterholz des Urwaldes bildete, obwohl sie, wenn man sie wachsen läßt, 10 bis 20 Meter hoch wird. Sie braucht keinen besonderen Boden, liebt den Humus, wie sie ihn im Urwald gefunden hat, mag keinen Sandboden und ist im übrigen anspruchslos. Dies gilt allerdings nicht für das Klima. Als rechte Urwaldpflanze liebt sie es feucht, und zwar nicht nur, was den Boden betrifft, sondern auch in der Luft.

Die allerfeinsten Tees kommen von den Bergen. Es gibt eine chinesische Legende, in der es heißt, in alten Zeiten hätten die Menschen Affen dressiert, damit sie auf unzugänglichen Bergen und Steilhängen den allerfeinsten Tee, der dort wächst, ernten. Wahr ist wie beim Wein, daß der beste Tee dort wächst, wo der Anbau schwierig ist.

So kommt der beste Tee überhaupt aus einem Gebiet namens Darjeeling. Darjeeling liegt in den Vorbergen des Himalaya, zwischen Nepal, Sikkim und Bhutan. Seine Teegärten, so heißen die Plantagen, liegen zwischen 300 und 2000 Meter Höhe. Kaltes Wetter, warmes Wetter und Regenzeit wechseln, der Monsunwind bringt Luftfeuchtigkeit. Der beste Tee aus Darjeeling heißt «Gartentee», aber er ist empfindlich gegen hartes Wasser. Darjeeling war ursprünglich ein Kurort der englischen Soldaten und Beamten in Indien. Deutsche Missionare gehörten zu den ersten, die mit Setzlingen aus China den Anbau versuchten.

Auch auf Ceylon, oder wie es heute heißt; Sri Lanka, gibt es Tees, die in bis zu 2000 Meter Höhe wachsen. Auch diese Tees sind von besonderer Qualität.

Daß der Teestrauch über 10 Meter hoch werden kann, habe ich schon erzählt. In den Teegärten aber wird er auf eine Höhe von 1,20 Meter gestutzt, damit man die Blätter und Triebe abzupfen kann. Denn der Versuch, Tee maschinell zu ernten, führt zu keinem besonders guten Ergebnis. Und so wird der Tee bis heute von Pflückerinnen geerntet. Man sagt, der Tee sei so gut wie die Pflückerin. Die Qualität des Tees hängt davon ab, wie sorgfältig sie die Blätter und Triebe auswählt. Die Regel heißt: two leaves and a bud (zwei Blätter und eine Spitze). Ca. 6 bis 9 000 solcher Kombinationen ergeben in Darjeeling 1 kg fertigen Tee, d.h. die Pflückerin muß für 1 kg Tee über 20 000 mal zupfen.

Dabei muß die Pflückerin noch zwei Regeln einhalten, nämlich je feiner das Blatt, desto feiner der Tee, und die Blätter müssen ganz gleichmäßig sein. Da der Teebusch ca. 10 bis 15 Mal im Jahr neue Triebe bekommt, kann man ebenso oft das Jahr hindurch ernten. Die erste Ernte im Jahr, unmittelbar nach der Regenzeit, heißt «First Flush» und ergibt Tees von sehr feinem zartem Aroma. «Second Flush» ist die zweite Pflückung, die kräftigen Tee ergibt, den Kenner am meisten schätzen. Dann gibt es noch «Autumnal», den guten Herbsttee, und Regentee, der in der Regenzeit geerntet wird.

Zu einem Teegarten gibt es immer auch eine Fabrik, denn spätestens 6 Stunden nach dem Pflücken muß das Blattgut verarbeitet werden. Um Tee zu bekommen, braucht es sechs Vorgänge: welken, rollen, fermentieren, rösten, sortieren und verpacken. Das Welken erfolgt in offenen Trögen mit Heißluft, die darüber geblasen wird. Das Rollen wurde früher von Hand gemacht, heute geschieht das zwischen zwei Metallplatten. Die Zellwände des Blattes werden zerstört. Beim Rollen entstehen zwei Sorten von Tee: der Blattee, der länger ziehen kann, und der Brokentee, bei dem das Blatt beim Rollen zerkleinert wurde. Brokentee ist ergiebiger, zieht schneller und hat eine dunklere Färbung als Blattee. Der Rollvorgang wird wiederholt. Nach jedem Vorgang wird gesiebt. «Dhools» nennt man die drei sich ergebenden Aussiebungen. Das erste Dhool ergibt den feinsten Tee.

Nun kommt der Tee zum Fermentieren. Er liegt etwa 10 cm hoch auf Aluminiumtabletts. Durch den Fermentationsprozeß wird der Tee schwarz, die Gerbstoffe werden verwandelt, der Tee verliert seine Bitterheit, der Gehalt an Koffein (Teein) wird vermehrt, die Aromastoffe werden verändert oder erst gebildet.

Grüner Tee wird nicht fermentiert. Er wird mit kochendem Wasser gebrüht. Zum Schluß wird der Tee (grün und schwarz) in einem 90° heißen Luftstrom während 20 Minuten getrocknet, d. h. «geröstet». Danach folgt das Sortieren. Das geschieht maschinell. Spitzenqualitäten werden auch heute noch von Hand ausgelesen. Zum Schluß kommt der Tee in eine Sperrholzkiste, die mit Aluminiumfolie und Seidenpapier ausgeschlagen ist.

Was bedeuten nun die geheimnisvollen Bezeichnungen, die man auf manchen Verpackungen findet, z. B. «Orange»? Es hat überhaupt nichts mit Apfelsinen zu tun, sondern es bezieht sich auf das Haus Oranien, das holländische Königshaus. Orange heißt also nichts anderes als königlicher Tee. «Pekoe» ist ursprünglich ein Abzupfen der Triebspitze mit 3 Blättern. «Orange Pekoe» ist die zweite Güteklasse des Tees. Es gibt nach der Sortierung Bezeichnungen für die Größen, dabei wird in Blattgrade unterschieden und Brokengrade. Es würde einfach zu weit führen, diese Unterscheidungen hier aufzuführen: je mehr man sich mit ihnen beschäftigt, desto weniger versteht man. Das ist so ähnlich wie beim Wein. Da hilft nur eines: Zu einem guten Händler gehen, ausprobieren und den Tee, den man mag, immer wieder kaufen. Aber auch hier ist es wie mit dem Wein, jede Ernte bringt den Wein derselben Herkunft, derselben Art in unterschiedlicher Qualität hervor. Auch der Tee verändert sich von Ernte zu Ernte. Am gleichmäßigsten vielleicht schmecken die aromatisierten Tees, wie z. B. der Earl Grey, dem Bergamott-Öl zugesetzt wird.

Aber meine Cousine Rosa, die in England mit Tee handelt, hat mir voller Abscheu erklärt, Earl Grey trinkt man nicht. Das war aber genau der Tee, der mir geschmeckt hat, und so bin ich halt wieder ganz auf Kaffee eingestellt.

Dabei müßte man Tee trinken, und zwar aus gesundheitlichen Gründen, weil er z. B. den Körper mit dem notwendigen Kalium versorgt, weil er Fluor enthält, was dazu dient, Karies zu verhüten, und weil er die Nerven und das Gehirn anregt. Grüner Tee verhindert die Bildung von Blasen- und Nierensteinen, grüner Tee hilft bei Rheumaerkrankungen, wegen seiner harntreibenden Wirkung. Grüner Tee enthält Vitamin B 1 und B 2, er hilft bei Hepatitis, er senkt den hohen Blutdruck und wirkt so gegen Arterienverkalkung.

Das schönste aber beim Tee ist dies: Du liegst in einem englischen Hotel in süßem Schlummer. Es kommt die Zeit, da du dich wecken läßt. Es klopft an der Tür, herein tritt eine scheue Maid, flüstert ein «Good morning, Sir», stellt dir eine Tasse Tee auf deinen Nachttisch und enteilt.

Dieser Tee, «Early Morning Tea» genannt und unmittelbar nach dem Erwachen im Bett getrunken, ist eine der höchsten Errungenschaften der Menschheit. Wer es nicht glaubt, soll nach England gehen und es ausprobieren. Vielleicht findet er noch ein Hotel, wo es «Early Morning Tea» gibt.

Die Kaffeegeschichte

So wie ich bei «Beeren» unwillkürlich an «Sommer» denken muß, so fällt mir bei «Kaffee und Tee» unwillkürlich «Frühstück» ein. Und nirgendwo wie beim Frühstück beobachte ich, bei mir selbst, bei meinen Mitbewohnern, welch festgefahrene Gewohnheiten jeder da hat. Kaffee mit viel-/mittel/wenig kalter/warmer Kuh- oder lieber Schafmilch, und dann jene Besucher, die bei unserer Milchauswahl noch vorwurfsvoll fragen, ob es denn hier keine Kondensmilch gäbe. Die schmecke doch viel besser im Kaffee als gewöhnliche Milch.

Für mich gehört zum Frühstückskaffee – am allerliebsten – frische Schafmilch. Aber die bekomme ich bloß hier zu Hause. Auch heiße Kuhmilch schmeckt mir gut dazu.

Nie werde ich das Gesicht von Susi, meiner langjährigen Mitarbeiterin, vergessen, als wir zum ersten Mal in Deutschland, genauer in Baden-Baden, waren und sie im Hotel den ersehnten ersten Schluck Frühstückskaffee trinken wollte. Wir hatten schon nach frischer Milch gefragt. Vergeblich. Susi trank herzhaft – trotz Kondensmilch. Und kniff Mund und Augen erschreckt zusammen, schüttelte sich wie ein junger Hund. «Wäh – sauer!» Vorsichtig nippte ich an meiner Tasse – und mußte feststellen, daß Susis Abscheu absolut berechtigt war. Ich schloß aus dem für meinen Gaumen absolut ungewohnten Geschmack, daß wohl das deutsche Wasser sauer sei, und trinke seither in deutschen Landen nichts anderes mehr als Schwarztee. Aber da ergeben sich ebenfalls Gewohnheitsprobleme. Ich erhalte stets viel zu starken Tee und muß um ein Kännchen heißes Wasser bitten, das ich dann halbgefüllt bekomme – als ob Wasser ein zu kostbarer Saft sei, um gratis abgegeben zu werden.

Werner behauptete stets, meine Saures-Wasser-Theorie sei falsch. Deutscher Kaffee würde eben anders geröstet. Für den deutschen Geschmack geröstet. Ich habe ihm das nicht glauben wollen. Seitdem ich aber in Baden-Baden in einem Hotel untergebracht werde, in dem viele amerikanische Gäste verkehren, sehe ich seine Theorie bestätigt. Dort schmeckt der Kaffee vorzüglich – und das Servierpersonal bringt «für die Dame aus der Schweiz» sogar unaufgefordert reichlich heiße Milch. Und eine zweite Bestätigung gab es, als ein deutscher Besuch entsetzt meinen Kaffee zurückwies: Schweizer Kaffee sei so bitter, daß er hier lieber Schwarztee trinke ...

Das Wort «Kaffee» weckt in mir auch unzählige Kindheitserinnerungen. Da war der Kaffee, der in einer chromstahlglitzernden Maschine mit Hähnchen dran für unsere Hotelgäste gekocht wurde. Da war die Kanne mit Filtereinsatz und gläsernem Deckel, die auf dem Kochherd blubberte.

Das war der «Familienkaffee» für uns und unsere Angestellten, denn die gehörten zur Familie. Dann die Kanne mit dem Deckel, der auch den Ausguß bedeckte. Darin brachte unser Küherbub den fertig gemischten Milchkaffee aufs Feld, wenn wir heuten. Und dann war noch Nanis Kaffee im Tschuggenwald in der blau-grauen Email-Kanne. Und an noch einen Kaffee erinnere ich mich: jenen Fruchtkaffee, den man in Kriegszeiten kaufen mußte, weil man der Gewohnheit des Kaffeetrinkens nicht entsagen wollte, auch als es in ganz Europa kaum noch Kaffeebohnen gab. O-Kaffee hieß er. O für Obst oder für ohne?

Eine weitere Kaffee-Erinnerung darf nicht unerwähnt bleiben: nach dem Krieg war ich passionierte Kaffeeschmugglerin – aber jene Abenteuer zu schildern spare ich noch auf. Vielleicht erzähle ich sie Susi, wenn wir gemütlich eine Tasse nicht sauren, dafür aber bittern Kaffee – nach Schweizer Art geröstet – trinken. Mit frischer Schafmilch drin, bitte.

Kaffee

Es gäbe ein Buch für sich, sozusagen über die «Entwicklungsgeschichte» des Kaffees zu schreiben. Ich weiß aus meines Vaters Erzählungen, daß in dem Bergtal, in dem ich aufwuchs, Kaffee vor dem ersten Weltkrieg noch unbekannt war. Andererseits finde ich im «Göppinger Kochbuch» von 1790 bereits ein Rezept für einen Kaffee-Ersatz. Ich muß gestehen, daß ich dieses Rezept nicht ausprobiert habe. Der Kuriosität halber sei es hier erwähnt:
«Ein Pulver, wovon man ein Getränk machen kann anstatt des Caffee oder Thee»
«Ein Pfund Reiss wird sauber gelesen und gewaschen, alsdann wohl getrocknet, darauf fein gestosen und durch ein Haarsieb passirt. Auf eben diese Art macht man auch von einem Viertel Pfund Mandeln Mehl und mischet solches unter das Reiss, alsdann werden noch 3 Loth gestosener Zimmet und ein halb Loth Nägeln dazu gethan. Eine Maas Milch wird mit 4 Loth von diesem Pulver siedend gemacht, 2 bis 3 Eyerdotter mit einem Chocoladerührer schaumigt gerührt. Alsdann kann man es zum Essen oder Trinken vorsetzen. In die Milch wird Zukker nach Belieben gethan.»

Die Großmutter wußte ...

— Die Kaffeesorten auch nur einigermaßen aufzuzählen, ist hier unmöglich. Sowohl in Asien wie in Südamerika als auch in Afrika wird Kaffee angepflanzt. Bei uns gelangen meist Mischungen in den Handel, deren Aromaunterschiede auch noch vom Grad der Röstung abhängen. Je stärker die Bohnen geröstet werden, desto bitterer wird das Aroma des Getränks.
— Über griechischen Kaffee siehe S. 63.
— Kaffee wird schmackhafter, wenn man weiches Wasser nimmt. Vor allem in Gegenden mit stark kalkhaltigem Wasser also kein Wasser aus dem Heißwasserspeicher verwenden. Frisches kaltes Wasser aufsetzen; dem Wasser eine Prise Natron beigeben (Natron enthärtet Wasser).
— Fein gemahlener Kaffee ist ergiebiger. Für Filterkaffee merkt man sich die Mahlstärke der Kaffeemühle, die bewirkt, daß das Wasser langsam durch den Papierfilter abläuft.
— Die Verträglichkeit von Kaffee hängt nicht nur von dessen Qualität, sondern auch von dessen Zubereitungsart ab. Filter- oder Espresso-Kaffee zum Beispiel kann Schlaflosigkeit bewirken, wogegen türkischer Kaffee, auch zu später Nachtstunde getrunken, eher einschläfernd wirken kann. Im italienischen Espresso-Kännchen gebrühter Kaffee enthält Reizstoffe, die Magenschmerzen verursachen können.
— Eine kleine Prise Salz, dem Kaffeepulver zugegeben, ergibt einen milder schmeckenden Kaffee.
— Heißer Kaffee ist ein hervorragender Durststiller.
— Interessant sind die regional sehr unterschiedlichen Rezepte von verdauungsförderndem Kaffee mit Zusatz von Spirituosen oder Likören. Zudem gibt es hier die beiden Varianten, den Zusatz direkt in den Kaffee zu geben (z. B. Irish coffee, Caffè corretto

grappa, Kaffee Kirsch) oder aus separatem Glas zu trinken (Café Cognac).
— Zusatz von gebrannter Zichorie (auch Wegwarte ist eine Zichorienart) oder von gebranntem Zucker «verbesserte» – wenigstens für Großmutters Geschmack – das Aroma von Kaffee und färbte ihn gleichzeitig dunkler.
— Die Kombination von Kaffee mit Schokolade ergibt Süßspeisen mit raffiniertem Geschmack (siehe Seite 74).
— Kaffee wird aufbewahrt in gut verschließbaren Blechdosen, sonst verliert er einen Großteil seines Aromas. Mahlen sollte man ihn erst kurz vor dem Gebrauch.
— Kaffee-Ersatz läßt sich durch das Rösten von Früchten und Wurzeln herstellen: z.B. von Eicheln, Obstschalen, Löwenzahn- und Wegwartewurzeln.
— Kaffeesatz kompostieren: Er ergibt schöne Blumenerde.
— Kaffeeflecken aus waschechten Geweben entfernen: mit möglichst heißem Wasser übergießen, etwas Glyzerin direkt auf die Fleckenstelle einreiben, einige Minuten einwirken lassen, klarspülen.

Schwarztee

Die Großmutter wußte ...

— Das Teetrinken kann zu einem besonderen Spaß werden, wenn man verschiedene Teesorten mischt. Wir unterscheiden grob:
Assam-Tee: sehr aromatisch
Ceylon-Tee: empfehlenswert für Tee-Mischgetränke wie Punsch (mit Rum) oder Eistee (mit Vanilleeis).
China-Tee: auch grüner Tee, wird nicht oder nur teilfermentiert (siehe Seite 68), hat ein sehr zartes Aroma.
Darjeeling-Tee: kräftig im Geschmack, besonders geeignet für Tee-Sorbet (siehe Seite 67).
Earl Grey: ist eine besonders in England beliebte Teemischung, die man am besten mit etwas Milch trinkt.
Lapsang Souchong (Susi, die Bernerin, sagt Lapsang Souhung ...) hat ein rauchiges Aroma. Er ist besonders für Teemischungen zu empfehlen. Reiner Lapsang hat für mich denselben Geruch wie Skiwachs ...
Parfümierte Tees: Darjeeling Tee (Orange Pekoe), vermischt mit Jasminblüten. Großmutters Tip zum Parfümieren von Tee: 100 g Darjeeling-Tee und eine halbe, aufgeschlitzte Vanilleschote zwei bis drei Wochen in einer verschlossenen Dose aufbewahren. Zur Abwechslung anstatt mit Vanille dasselbe mit der Schale einer halben Orange (mit dem Sparschäler ganz dünn geschält) versuchen.
— Wie für Kaffee gilt auch hier die Regel, daß Schwarztee schmackhafter wird, wenn man weiches Wasser nimmt. Vor allem in Gegenden mit stark kalkhaltigem Wasser also kein Wasser aus dem Heißwasserspeicher verwenden. Frisches kaltes Wasser aufsetzen!
— Großmutter-Regel für die Dosierung von Schwarztee (die für meinen Geschmack allerdings viel zu hoch ist): Pro Teetasse einen gestrichenen Teelöffel Tee und einen zusätzlichen Löffel «für die Teekanne».
— Man wärmt die Teekanne an, gibt die ge-

wünschte Menge Teeblätter hinein, deckt die Kanne zu, setzt das kalte Wasser auf. Da die Teeblätter nun einige Minuten im Dampf liegen, weichen sie etwas auf. Das bewirkt, daß sie ihr Aroma besser entfalten können. Das Wasser wird darüber geschüttet, sobald es sprudelnd kocht.

— In die Teetasse gibt man zuerst Zucker und Milch, dann den Tee, den man vor dem Einschenken nochmals umrührt.
— Schwarztee wird aufbewahrt in gut verschließbaren Blechdosen, sonst verliert er einen Großteil seines Aromas.
— Die Teekanne aus Porzellan oder Ton soll nie mit einem Spülmittel ausgewaschen oder gescheuert werden. Schwarzer Innenbelag ist Zeichen für eine gute Teeköchin, nicht für eine unordentliche Hausfrau, denn der Schwarztee sei desto besser, je älter der Teebelag sei!
— Mit Schwarztee hat die Großmutter weiße Gewebe zartbeige getönt. Weshalb sollen wir das nicht auch tun?

Kaffee und Schwarztee in Großmutters Hausapotheke

Kaffee und Schwarztee sind — vor allem in der Schweiz — noch nicht so lange bekannt, daß sie in älteren Heilkräuterbüchern erwähnt würden. Die blutdrucksteigernde Wirkung beider Getränke ist wohl heute allen bekannt, wobei die Meinungen (vielleicht auch die Verträglichkeiten) sehr auseinandergehen. Für einmal seien also die schädlichen Wirkungen den gesundheitsförderlichen vorangestellt:
— keinen Kaffee trinken sollte, wer zu Gichtanfällen neigt.
— Kaffee beschleunigt und verstärkt die Bildung von Zahnstein.
— Kaffee erhöht den Blutdruck und erweitert die Gefäße, ein Grund für viele, ihn als Frühstücksgetränk zu genießen.
— Ein seltsam klingendes, schrecklich schmeckendes, dafür aber gut wirksames Migränemittel: Sofort beim Einsetzen der Migräne-Symptome eine kleine Tasse ganz starken Kaffee (Filter-, noch besser Espresso-Kaffee) vermischt mit 2 EL Zitronensaft trinken.
— Kauen von Kaffeebohnen kann die Wirkung von (zuviel) Alkohol mindern.

Beim Schwarztee hingegen muß sein Gehalt an Gerbsäure erwähnt werden, was ihn vor allem

zu einer Medizin werden läßt bei Brechdurchfall: jede halbe Stunde ein Kaffeelöffel ungesüßten Schwarztee kann diese Krankheit stoppen.
Starker Schwarztee soll bei Schlaflosigkeit angezeigt sein. Schwacher Schwarztee soll dieselben Wirkungen haben: mir scheint, da muß jede Mutter und Großmutter individuell herauszufinden versuchen, was nützlich ist.

Kaffeerezepte

Innerschweizer Kaffee

    6 dl Wasser
    2 EL grob gemahlenes Kaffeepulver
       1 Tannenzweiglein
 8 Stück Würfelzucker
          Obstbranntwein

Man kocht das Wasser mit dem Tannenzweiglein auf, gibt das Kaffeepulver bei, läßt einmal aufschäumen, stellt die Pfanne beiseite, gibt noch ½ Tasse kaltes Wasser bei, damit sich das Kaffeepulver schneller setzt, entfernt das Tannenzweiglein, gibt den Würfelzucker in langstielige Gläser, steckt einen Löffel ins Glas, damit dieses nicht springt, gießt den Kaffee darüber, verdünnt mit soviel Branntwein, daß das Getränk die Farbe von Schwarztee hat. Man soll eine hinter das Glas gehaltene Zeitung noch lesen können!

Mokkacreme

         4 Eier
      2 EL Zucker
       ½ l Milch
         ½ Vanilleschote, aufgeschlitzt
   1 Prise Salz
      1 EL Weißmehl
 1 kleine Tasse ganz starker Kaffee
      1 EL Kirschwasser
             eventuell 1 dl Rahm

Die Eier mit dem Zucker schaumig rühren. Das Mehl mit etwas kalter Milch anrühren, die restliche kalte Milch, das Salz und die Vanilleschote beigeben, aufkochen, dabei ständig rühren, sonst brennt die Flüssigkeit an. Die Pfanne vom Feuer nehmen, die Hälfte der Milch der Eiermasse zugießen, mit dem Schneebesen gut rühren, dann zur restlichen Milch in den Kochtopf geben, auf kleinem Feuer wieder erhitzen, jedoch nicht mehr aufkochen lassen, sonst gerinnen die Eier. Den Kaffee beigeben, in eine Schüssel geben, erkalten lassen, dabei gelegentlich umrühren. Das Kirschwasser und eventuell den steif geschlagenen Rahm darunterziehen. Über Nacht kühl stellen.

Mousse au café

    3 Eigelb
    3 EL Zucker
    3 EL ganz starker Kaffee
    3 dl Rahm, leicht geschlagen
    3 Eiweiß, ganz steif geschlagen
    evtl. Schokolade-Kaffeebohnen

Eigelb und Zucker schaumig rühren. Den erkalteten Kaffee beigeben. Zuerst den Rahm, dann den Eischnee sorgfältig darunterheben, in Portionenschalen abfüllen, über Nacht kaltstellen, eventuell mit Schokolade-Kaffeebohnen und einem Tupfer steif geschlagenem Rahm garnieren.

Kaffee-Tortenfüllung für Sandtorte, Biskuitrolle

    100 g Butter
    2 EL Puderzucker
    3 EL ganz starker Kaffee
    1 EL Kakaopulver
    2 Eigelb

Die Butter weich werden lassen, die übrigen Zutaten in der angegebenen Reihenfolge daruntermengen. Den erkalteten Kuchen durchschneiden, damit bestreichen, kaltstellen.

Kaffee-Pudding

    3 EL Zucker
    1 dl ganz starker Kaffee
    (doppelter Espresso)
    ½ Tafel Edelbitter-Schokolade
    5 Eier
    3 EL Zucker
    1 Prise Salz
    ½ l Milch
    2 dl Rahm

Erste Zuckermenge karamelisieren, mit dem heißen Kaffee ablöschen, die zerbrochene Schokolade beigeben, schmelzen, abkühlen lassen. Die Eier verquirlen, zweite Zuckermenge und Salz beigeben, mit der Milch, dann mit der Kaffee-Schokolade-Masse vermischen. In eine kalt ausgespülte Puddingform geben. Diese in einen größeren Kochtopf stellen, der zu einem Drittel mit heißem Wasser gefüllt ist, zudecken. Kochplatte so einstellen, daß das Wasser nicht siedet. Etwa 1 Std. ziehen lassen. Der Pudding ist gar, wenn an einem eingesteckten Hölzchen nichts mehr hängen bleibt. Ihn auskühlen lassen. Vor dem Servieren einen Moment in heißes Wasser stellen, stürzen, eventuell mit geschlagenem Rahm garnieren.

Teerezepte

Vanille-Tee

100 g Schwarzteeblätter
1 Vanilleschote

Vanilleschote der Länge nach aufschlitzen, zu den Schwarzteeblättern geben, mindestens 2 Wochen in gut verschlossener Teedose aufbewahren. Tee wie üblich anbrühen.

Tee-Eis

½ l Milch
½ mit dem Sparschäler abgeschälte Schale Zitrone
2 EL Schwarzteeblätter
5 Eigelb
4 EL Zucker
2 dl Rahm, steif geschlagen

Die Milch mit der Zitronenschale 10 Min. köcheln lassen. Teeblätter beigeben. 5 Min. ziehen lassen, abseihen. Eigelb und Zucker schaumig rühren, Teemilch darüber gießen. Nochmals bis kurz vor dem Siedepunkt erhitzen. Nicht kochen! Abkühlen lassen, ins Gefrierfach stellen. Nach 15 Min. das am Rande gefrorene Eis in die Mitte rühren. Wieder ins Gefrierfach stellen. 3- bis 4mal so verfahren. Einen Teil des geschlagenen Rahms darunter ziehen, mit einem Rahmtupfer verziert servieren.

Wenn die Milch sauer wird

In einem Buch, das von dem spricht, was die Großmutter noch wußte, ist das Thema «Käse» gar nicht so einfach zu behandeln. Vor allem, wenn die Großmutter im Schwarzwald daheim war. Der Schwarzwald nämlich, und Deutschland ganz allgemein, ist kein Käseland. Die Schweiz, Frankreich, Holland und selbst das kulinarisch scheinbar so unergiebige England sind da weit besser dran. Allein Schweizer Käsesorten aufzuzählen und gar ihre Eigenarten und Vorzüge zu nennen, wäre ein langwieriges Geschäft. Kurz, Großmutter hatte es nicht so mit den Käsen. Bei uns daheim kam Käse überhaupt nur freitags auf den Tisch. Es gab auch keinen Reibekäse, etwa für die Nudeln, und es gab nichts mit Käse Überbackenes. Ich erinnere mich, daß ich am Freitag beim Einkaufen 100 g aufgeschnittenen «Edamer ohne Rinde» habe mitbringen müssen, der mir überhaupt nicht schmeckte. Wie überhaupt meine Mutter mir keinen «Käsegeschmack» zu vermitteln verstand. So wenig wie Weingeschmack, wovon ich im Kapitel «Wein» (2. Buch «Was die Großmutter noch wußte») gesprochen habe.

Wein und Käse kamen einfach bei uns daheim so gut wie nicht vor. Eine Ausnahme war der genannte «Edamer ohne Rinde». Dann liebte meine Mutter auch im Sommer zu frischen Tomaten «Backsteinkäse» zu essen. «Backsteinkäse» bezeichnet alle Sorten von Käse, die in backsteinähnlichen Formen auf den Markt kommen. Das ist Butterkäse, Weißlacker etc. Aber diese meinte meine Mutter nicht, wenn ich Backsteinkäse einkaufen sollte. Sie meinte den sogenannten Limburger Käse, der sich vor allem dadurch auszeichnete, daß er eine schmierige rote Schicht außen herum hatte, die Mutter mit einem Messer abschabte und auf das Einpackpapier des Käses strich, bevor dieses weggeworfen wurde. Der Limburger hatte einen überaus penetranten Geruch, vor allem wenn er, was Mutter liebte, schon ein bißchen alt war. Dann war er unter seiner Rinde weich und cremig und stand der roten Schmiere vom Geruch her in nichts nach. An ganz besonderen Tagen, oder wenn Besuch kam, z. B. die Tante aus der Schweiz, dann kaufte die Mutter wohl auch ein paar Gramm aufgeschnittenen «Schweizer Käse». Damit war das Kapitel Käse allerdings noch nicht beendet. Wenn Mutter zu viel Milch gekauft hatte oder die Cousine Milch mitbrachte aus Bollschweil, dann wurde die Milch «gestellt». Sie kam in spezielle Glasschüsseln und wurde offen in der Küche aufgestellt. Sie wurde dick und sauer. Man konnte sie mit Zucker und Zimt bestreuen und zu den Bratkartoffeln essen am Abend, oder man konnte diese puddingartige Dickmilch in eine alte Windel füllen und am Wasserhahn aufgehängt über dem Schüttstein abtropfen lassen. Dieser Käse, der leicht säuerlich schmeckte, wurde von Mutter mit Hilfe von süßer Sahne zu Quark verarbeitet. Das gab es oft am Freitag als Mittagessen mit «geschwellten» Kartoffeln, frischer Butter und etwas Salz, meistens hat Mutter 2 oder 3 Schalotten kleingehackt und unter diesen Quark gemischt. Schließlich und letztlich gab es noch die «Hofsgrunder Schunken», zu hochdeutsch: Schinken. Das waren kleine weiße Käschen, die z. B. meine Hofsgrunder Cousine am Samstag nach Freiburg auf den Markt brachte. (Hofsgrund ist Deutschlands höchstgelegene Gemeinde). Diese kleinen weißen Käse wurden entweder mit Salz und Pfeffer bestreut und mit Butterbrot zum Vesper gegessen, oder sie kamen in eine Schüssel und wurden in den Keller gestellt. Dort begannen sie nach kurzer Zeit furchtbar zu stinken, bekamen eine runzlige Oberfläche und verwandelten sich in die gleiche durchsichtige Creme wie der reife «Limburger». Mutter nannte sie «Fuli Käsli» und liebte sie sehr.

Eigentlich könnte ich das Kapitel Käse mit dem Blick auf früher damit beenden, wenn ich nicht inzwischen ein so ausgemachter Käseliebhaber geworden wäre. Irgendwann nach dem Krieg kam die Käsekultur auch zu uns. Vielleicht hat alles damit angefangen, daß immer mehr Menschen in die Nachbarländer reisten und dort feststellten, daß man Käse nicht nur am Freitag essen kann, sondern an jedem Tag, daß Käse nach jedem Essen gut schmeckt und daß es Käsesorten gibt, die erheblich schmackhafter sind als «Limburger», «Edamer» und «Schweizer Käse», zumindest der damals verbreiteten Sorten. Der «Edamer ohne Rinde» war übrigens damals auch nicht aus Edam, so wenig wie der «Limburger» aus dem belgischen Limburg war, und der «Schweizer Käse» kam nicht aus dem Emmental. Alle drei Sorten waren Anfang des 19. Jh. in die milcherzeugenden Gegenden Deutschlands eigens gebracht worden, damit die Käseerzeugung und der Handel mit Käse auch in Deutschland vorangehe, denn die bis dahin z. B. im Allgäu produzierten Sorten eigneten sich überhaupt nicht zum Versand. Vielleicht war es auch gerade die größere Versandmöglichkeit, die nach dem Krieg den Käse in Schwung brachte. Kühlwagen auf der Straße und auf der Schiene sind dazu erforderlich, ein schneller Transport und – das sollte man auch nicht vergessen – die Handelsfreizügigkeit des beginnenden gemeinsamen europäischen Marktes. Solange die Regierungen entweder die eigene Käsewirtschaft durch Einfuhrzölle schützten oder aber wie im Deutschland der Vorkriegszeit keine Devisen für die Einfuhr von Lebensmittel bereitstellten – sie wurden ja zum Ankauf von «kriegswichtigen Gütern» gebraucht wie Stahl, Erdöl, Gummi, Kupfer, Zinn –, konnte sich ein europäischer Käsemarkt natürlich überhaupt nicht entwickeln. Die Freiheit des Handels ab den 50er Jahren, als es in Europa wieder genug zu essen gab, führte zu einem außerordentlich breiten Angebot auch ausländischer Käsesorten in Deutschland. Dabei ist es nicht so, als wäre Deutschland ein reines Käseeinfuhrland, ganz im Gegenteil. Eine gewaltige Milcherzeugung führt sogar dazu, daß Deutschland z. B. nach Frankreich mehr Käse ausführt als aus Frankreich ein. Natürlich würden die Franzosen kein Gramm von jenen Käsen essen, die gummiartig und trostlos noch in den 40er und 50er Jahren in der Bundesrepublik dem Verbraucher angeboten wurden. Selbst als die deutschen Käseerzeuger für den Export exzellente Camemberts, Bries und vor allem Emmentaler herstellten (am Beispiel des Allgäuer Emmentalers, eines für den Export bestimmten – wohlverstanden – hat sich für mich überhaupt erst die Welt des Käses erschlossen), produzierten sie immer noch für das Angebot in den Tante-Emma-Läden, «für den deutschen Geschmack», also «deutschen Camembert, Edamer und Schweizer Käse». Erlauben Sie mir in diesem Zusammenhang eine Abschweifung. Ich habe lange Zeit Leute für Snobs gehalten, die sich Schokoladen bestimmter Marken, Beutelsuppen bestimmter Marken aus der Schweiz mitbrachten, obwohl es dieselben Schokolademarken in derselben Verpackung, dieselben Beutelsuppen und sonstigen Lebensmittelerzeugnisse in denselben Verpackungen auch in der Bundesrepublik zu kaufen gab, bis ich festgestellt habe: die Verpackung mag dieselbe sein, die Bezeichnung mag dieselbe sein, aber geschmacklich herrscht ein großer Unterschied, ob die Ware bei uns oder anderswo hergestellt wurde. Die bei uns verkaufte Ware wird für den «deutschen Geschmack» hergestellt. Daß es beim Kaffee Unterschiede gibt und daß es einen «deutschen Kaffeegeschmack» gibt, davon haben wir bereits gesprochen, und daß ich in Jugoslawien gesehen habe, wie «Amselfelder»-Wein, rot und herrlich, für den Export nach Deutschland verdorben wurde, habe ich sicher auch erzählt. Aber nicht nur wir Deutschen werden von den internationalen Lebensmittelherstellern gemäß unserem «Geschmack» behandelt. Mein schrecklichstes Erlebnis war, als ich feststellte, was diese Beutelsuppenhersteller (Sie wissen sicher, welche beiden höchst nahe miteinander verwandten Hersteller ich meine!) mit den Engländern machen: aber vermutlich werden Engländer keinen Löffel von etwas essen, das so eßbar schmeckt wie die Schweizer Version derselben Suppe. Die armen Engländer sind, was den «Geschmack» betrifft, ja noch viel schlimmer dran als wir Deutschen. (Das Unglück ist bei allem nur, daß im Zeitalter des Massentourismus die Horden von Deutschen und Engländern das Hotelessen rund ums Mittelmeer und auch in ferneren Gebieten bereits total verdorben haben.)

Zurück zum Käse. Käse wird seit vielen tausend Jahren hergestellt. Irgendwann haben Menschen festgestellt, daß «verdorbene Milch» durchaus eßbar bleibt, daß man der durch Sauerwerden puddingartigen Masse die Flüssigkeit entziehen kann und daß dann ein Stoff entsteht, den man durch geschickte Manipulation dahin bringen kann, monatelang, ja sogar jahrelang haltbar zu sein. Da es in den frühen Kulturen ja immer nur dann Milch gab, wenn die Kühe, Geißen oder Schafe, von den Rentieren und Pferden will ich gar nicht reden, gerade Kälbchen bekommen hatten, war die Lagerfähigkeit des Produktes Käse von großer Bedeutung. Sie bedeutete, daß es auch dann zu essen gab, wenn die Kühe keine Milch gaben. Das ist auch wichtig, wenn z.B. Herden auf entfernte Weiden getrieben werden, wie heute noch in den Alpen, wo es schwer oder unmöglich wäre, die tägliche Milch ins Dorf, d.h. zu den Verbrauchern zu bringen.

Wahrscheinlich ist die Tatsache, daß es im Schwarzwald nur an wenigen Stellen solche großen Herden gegeben hat und daß sie durch die Natur des Schwarzwaldes nie sehr weit von den Dörfern entfernt waren, schuld, daß im Schwarzwald keine eigentliche Käsekultur entstand. Schon in den benachbarten Vogesen ist das anders, wo es seit dem frühen Mittelalter den wunderbaren Münsterkäse gibt. Auch in den anderen deutschen Mittelgebirgen ist die Situation aber ähnlich wie im Schwarzwald. Nur in Bayern mit seinen Voralpen- und Alpengebieten gab es die Notwendigkeit zur Entwicklung eigener dauerhafter Käsesorten.

Die Ägypter haben Käse gegessen, die frühen Griechen, die Römer. So richtig in Gang gebracht wurde bei uns in Mitteleuropa die Käseherstellung durch die Mönche. Auch der bereits genannte Münsterkäse hat seinen Ursprung in einem Kloster. Der Gehalt an Eiweiß im Käse steht dem Eiweißgehalt im Fleisch in das Milcheiweiß bekömmlich und leichtverdaulich ist und viele Vitamine und Mineralien enthält. Milch und Milchprodukte liefern darüber hinaus auch das natürlichste und am leichtesten zu verdauende Fett. Aber wenn man auf seine Figur achten muß, dann sollte man diesem Fett möglichst aus dem Wege gehen. Das kann man, wenn man Frischkäse ißt. Frische Käse enthalten viel Wasser, Hartkäse wenig. Da der Fettgehalt von der sogenannten Trockenmasse angegeben wird, d.h. nachdem dem Käse die Feuchtigkeit entzogen wurde, sind im Effekt 50% Fett bei 100 g Frischkäse bedeutend weniger als 50% Fett in 100 g Hartkäse (der Hartkäse besteht ja fast nur aus Trockensubstanz, während der Frischkäse sehr viel Wasser enthält und daher bedeutend weniger Trockensubstanz).

Wichtig ist auch der Kalziumgehalt der Milch, den wir brauchen, um unsere Knochen und Zähne aufzubauen, und nicht nur dazu. ½ l Milch deckt bereits die Hälfte des Tagesbedarfs eines Erwach-

senen an Kalzium. Und Kalzium befindet sich dabei sogar noch in einer besonders günstigen Form, die unserem Körper die Aufnahme erleichtert.
Die einfachste Art, Käse zu machen, ist, die meiner Mutter: Milch sauer werden lassen, Molke abtropfen lassen, Käse formen. Praktisch in jedem Haushalt wurde früher der Frischkäse so gewonnen.
Neben den «klassischen Käsen», die auf den Almen der europäischen Alpen entstanden oder entstehen, wie Emmentaler, Sbrinz, Gruyère, Parmesan usw., gibt es merkwürdige Käsekostbarkeiten. Sie entstehen manchmal auf seltsame Weise und recht kompliziert. Für mich ist es immer wieder eine Frage, wie die Leute denn auf diese Herstellungsmethode gekommen sind. Meist spielt der Zufall eine Rolle dabei.
Über die Entstehung des Roqueforts gibt es eine hübsche Geschichte, die ich Ihnen erzählen möchte. Ich hab' sie in dem Buch «Internationale Käsekunde» des Seewald-Verlages gefunden: Es war am Berg Combalou, in den Sevennen. Ein junger Schäfer aus Roquefort sur Soulzon hatte seine Schafe auf die Weide getrieben. Während seine Schafe über die Frühlingsmatten zogen, rastete unser Schäfer vor einer der Grotten, die es am Combalou in großer Zahl gibt. Und während er da in der Sonne saß und den Schafen zusah, kam über die Wiese ein wunderschönes Mädchen auf ihn zu. Es war die Tochter des Bauern, dem die Schafe gehörten. Sie brachte ihm Brot und frischen Schafskäse. Während unser Schäfer zu essen begann, setzte sich das junge Mädchen neben ihn. Sie redeten miteinander über den Frühling und über die Schafe und dann war plötzlich noch etwas anderes zwischen ihnen, wie gesagt, es war Frühling. Und weil sie am Berghang so offen für jeden Beobachter saßen, zogen sie sich in die Grotte zurück. Vielleicht war es auch einfach zu heiß in der Frühlingssonne. Jedenfalls bei dem, was sie nun taten, störte sogar das Käsebrot. Unser junger Schäfer legte das angebissene Brot – es sei ein Roggenbrot gewesen – auf einen Felsvorsprung in der Grotte und vergaß es, als er mit seinem Schatz gegen Abend die Schafe heimtrieb. Ein Vierteljahr später, der Sommer ging schon wieder seinem Ende entgegen, kam unser Schäfer wieder in dieselbe Gegend. Als er an der Grotte vorbeiging, erinnerte er sich an jenen wunderschönen Tag im Frühling, vielleicht stand auch ein Gewitter am Himmel und er flüchtete sich vor dem Regen in die Höhle. Jedenfalls, er fand sein Käsebrot wieder. Blaue Fäden waren durch den Käse gewachsen. Es duftete gar nicht verdorben, sondern merkwürdig gut. Und in der Erinnerung an jenen Frühlingstag nahm er das Brot und biß noch einmal hinein. Welch ein Wunder! Der Käse hatte sich in etwas nie Geschmecktes, Unerhörtes verwandelt. Die feuchte, kühle Luft, die durch die Grotten das Combalou streicht, hatte die Verwandlung bewirkt. Das war die Geburt des Roquefort. Die Naturhöhle gehörte dazu, der Schafskäse und das Roggenbrot. Nur wenn diese drei Elemente beisammen sind, entsteht der blaugrüne Schimmel des Penicillium Roqueforti, der in den feuchtkühlen Naturhöhlen, die nie wärmer werden als 6° bis 8°, aus Schafskäse den Roquefort werden läßt. Kein Käse darf Roquefort heißen, der nicht in den natürlichen Höhlen des Combalou gereift ist.
Ich muß noch von totem Käse reden, bei dem es keine Aufbewahrungsprobleme gibt. Die Schmelzkäse werden unter Zugabe bestimmter Chemikalien, z.B. Phosphate erhitzt. Dabei sterben alle Mikroorganismen, die einen Käse lebendig erhalten ab und der Käse erhält gleichzeitig seine Streichfähigkeit. Auf ähnliche Weise werden Hartkäse-Reste geschmolzen und wieder in Blöcke gegossen. Davon werden Scheiben geschnitten, einzeln verpackt und erwecken so den Eindruck von Frische. Natürlich ist solcher Schmelzkäse nicht schlecht und er gibt für viele Hausfrauen die Möglichkeit, Käse zu lagern.

Die Käsegeschichte

In der Schule haben wir es schon gelernt: «Die Schweiz hat keine Bodenschätze», also weder Erz noch Kohle, schon gar nicht Erdöl. Dafür haben wir Berge (also Erhebungen, die nicht mehr vom Wald bedeckt sind), Hügel, Seen und wenige Ebenen. Wer hier leben will, muß sich diesen Bedingungen anpassen. In Bergzonen heißt das vor allem Viehzucht und Milchproduktion (der Tourismus hat schon damals eine Rolle gespielt, wenn auch eine nicht so bedeutende wie heute).

«Bergzone», das war zum Beispiel Arosa, wo ich meine ersten zwölf Lebensjahre verbracht habe. Mein Vater war hauptberuflich Bauer. Er züchtete Braunvieh, jene Kuhrasse, die durch ihre hochalpine Herkunft im Unterland sehr begehrt ist, weil die Tiere robuster sind und eine gute Milchleistung aufweisen.

Kühe also gleich Milch. Milch gleich Rahm, Butter und Käse. Aber in Arosa gab's da noch besondere Unterschiede. Unsere Kühe waren wohl im Sommer auf der Alp. Der Alpstall war etwa eine halbe Stunde vom Haus aus zu Fuß zu erreichen. Die Milch unserer Kühe brauchten wir einerseits für unsere Gäste, denn meine Großmutter und meine Mutter führten eine Pension. Der Rest wurde mit dem Pferdewagen in die Molkerei gebracht.

Die schönen, sonnseitigen Alpen, dem Tschuggen, der Carmenna und dem Weißhorn entlang, haben die Aroser vor Hunderten von Jahren an die Stadt Chur verkauft. Da gab es vor allem die drei Alphütten der Tschuggenalp, wo Käse gemacht wurde, den Papa und ich für unsern Bedarf und denjenigen unserer Gäste mit dem Pferdewagen dort abholten. Staunend habe ich in der Alphütte dem Senn zugeschaut:

Da hing ein Kupferkessel – so groß, daß ich hätte drin baden können – an einem Eisenarm. Der Senn schüttete die durch einen Papierfilter gesiebte Milch aus Eimern in den Kessel und entfachte das Feuer. Das Holz dafür hatte man herantransportieren müssen, denn die Hütte liegt oberhalb der Baumgrenze. Der Mann – er hatte einen langen, graumelierten Bart – unterhielt sich mit Papa, rührte mit einer Holzkelle im Kessel und prüfte mit dem Finger gelegentlich die Temperatur. Er schwenkte den Kessel am Eisenarm vom Feuer weg, als die Milch die richtige Wärme hatte. Ich wette, es waren genau 36°, obwohl er kein Thermometer benutzte. Dann gab er das Lab bei. Papa erklärte mir, daß Lab aus dem Magen der Kälber gewonnen wird. Es bewirkt, daß die Milch gerinnt. Obwohl Papa ein vielbeschäftigter Mann war: er nahm sich Zeit, um mir zu zeigen, wie aus Milch Käse wird.

Es mochte eine halbe Stunde verstrichen sein. Aus der eingelabten Milch war eine Art fester Pudding geworden. Den mußte der Senn jetzt «brechen». Dazu nahm er ein Gerät: Einen rechteckigen Rahmen, der mit einer Art Saiten – es mögen zehn oder zwölf gewesen sein – bespannt war. Man nennt das Gerät denn auch Käseharfe. Er hielt es an einem Stiel und zerschnitt damit die Milchmasse kreuz und quer. Nach einer weiteren Wartezeit hatte sie sich geteilt: der Käse war auf den Boden gesunken, die grünliche Molke schwamm obenauf. Mittels eines Tuches (des Käsleinens) wurde die Käsemasse aus dem Kessel gehoben und die Molke nun gut ausgepreßt. Die Masse wurde in eine

Holzform gegeben, die auf einem leicht schräggestellten Brett stand. Die Abflußrille dieses Bretts mündete in einen Eimer. So konnte die noch zurückgebliebene Molke abfließen.

Die gesamte Molke wurde nochmals erhitzt, diesmal bis zum Siedepunkt, und dann im Kessel ausgekühlt. Dadurch stieg das noch darin verbliebene Eiweiß an die Oberfläche, wurde dann abgeschöpft und ebenfalls in Holzformen gepreßt. Das ergab, was ich noch lieber aß als Käse: Ziger.

Der Senn führte uns stolz durch seinen Käsekeller. Da lagerten die Formen, die nach einer kurzen Lagerzeit eingesalzen und dann täglich abgewischt und umgekehrt wurden.

Was mir erst viel später klar wurde und weshalb ich die Arbeit von Sennen so sehr bewundere: Käseherstellung verlangt peinlichste Sauberkeit und Exaktheit. Zuviel oder zuwenig Lab, zuviel oder zuwenig Salz, zu hohe oder zu niedrige Temperatur beim Einlaben, zu langes Warten, bis der Käse gebrochen, die Molke abgeschüttet wird, ein Käsleinen, das nicht ganz, ganz sauber ist, ein Käse, den man zu salzen oder zu drehen vergessen hat: all das kann bewirken, daß der Käse verdirbt. Zudem arbeitet ein Senn unter primitiveren Bedingungen als eine Hausfrau: Milch kann von Heu, Gras, gar mit Mist verunreinigt werden. Ein Kessel, der über offenem Feuer hängt, ist rußig. Will der Senn seine Geschirre mit heißem Wasser sauberhalten, muß er das wiederum zuerst auf seinem Feuer kochen. Nicht umsonst hat man heute von hochgelegenen Alpen ins Tal, in die modern eingerichtete Käserei, Milch-Pipelines gebaut, damit die eigentliche Käseherstellung dort vonstatten gehen kann. Was vom Käsen – wie es der Großvater noch machte – übrigblieb, sind unzählige Sennen-Sagen. Etliche davon hat mir mein Vater auf dem Heimweg von der Churer Alp erzählt.

Auch heute noch – wenn ich ein Stück Alpkäse esse, rieche ich den Duft der Alpwiesen, denjenigen des Holzfeuers in der Sennhütte, denjenigen im Käsekeller.

Auch höre ich immer noch das Knirschen der eisenbeschlagenen Räder des Wagens, den unser Pferd heimzog, beladen mit Käse und Ziger, geführt von meinem Vater, an dessen Seite ich saß, ein staunendes, neugieriges Kind, dem damals noch nicht bewußt war, in welch heiler Welt es aufwachsen durfte.

Die Großmutter wußte ...

— Wenn man keinen Keller mit Naturboden hat (und dort drin noch einen mäuse- und fliegensicheren Schrank), kauft man sich allerhöchstens eine Wochenportion Käse ein. Man bewahrt den Käse — einzeln in Papier gewickelt — am besten in einer mit einem Teller bedeckten Keramikschüssel im Kühlschrank auf.

— Käse sollte nicht kalt serviert werden. Er ist viel aromatischer, wenn er Zimmertemperatur hat.

— Wieviele Käsesorten gibt es doch! Wir unterscheiden grob *Hartkäse* (z. B. Emmentaler, Tilsiter, Appenzeller, Gruyère, Sbrinz, Parmesan), von dem es fette (mildere), halbfette und viertelfette (sehr rezente) Qualitäten gibt. Hartkäse kann jahrelang gelagert werden. Gewisse Käsespeisen (z. B. Fondue, Raclette) verlangen nach mehrjährigem Käse. Da Käse bei der Lagerung Pflege braucht und der Wassergehalt, also auch das Gewicht, allmählich sinken, ist der Preis dieses Käses begreiflicherweise höher (der Genuß aber auch!)

— Die *Weichkäse* sind vor allem französischen Ursprungs, die Rinde kann schimmlig sein, (z. B. Camembert, Brie, Vacherin), und wird von Käseliebhabern nicht weggeschnitten. Weichkäse (z. B. Boursin) werden auch mit Paprika oder Pfeffer oder Kräutern vermischt angeboten. Experimentierfreudige Köchinnen erfinden eigene Käsezusätze und Kombinationen und verwenden dafür am besten *Frischkäse* (Hüttenkäse, Gervais). Diese lassen sich sogar für Süßspeisen verwenden.

— *Gut schmelzende Hartkäse* (Emmentaler, Gruyère) bilden auf Gemüsegratins eine appetitliche, goldbraune Kruste.

— Für italienische Gerichte, die man überbackt, mischt man *Parmesankäse* mit Béchamel-Sauce oder mit Butterflocken. Er bräunt dann besser.

— *Blauschimmliger Käse*, (Gorgonzola, Roquefort, Danish blue) ergibt, gut mit Milch und Zitronensaft verrührt, eine Salatsaucen-Basis, bei der man das Öl weglassen kann.

— Viel zu wenig bekannt ist, daß man blauschimmligen Käse auch zum Überbacken von Fleisch, Kartoffeln und Polenta verwenden kann.

— Großmutter wußte es, ich vergesse es oft: Milder (aber nicht süßer!) Senf schmeckt zu Tilsiterkäse und Roggenbrot herrlich. Zum Münsterkäse oder Camembert sollte man etwas Kümmel servieren. Eine Schweizer Frühstücksgewohnheit: Käse zusammen mi Konfitüre essen. Nicht die Nase rümpfen Probieren! Meine Lieblingskombinationen: Weißbrot, Gorgonzola, Erdbeerkonfitüre. Roggenbrot, Appenzeller, Johannisbeer- oder Quittengelee.

Wenn im Glas noch Rotwein ist: zum Dessert ein Stück Käse essen. Dies soll der Verdauung förderlich sein. Das Brot darf man weglassen.

— Wer vom Käse redet, darf den Ziger nicht vergessen. Der *Glarner Schabziger* ist sozusagen ein Bruder des Limburgerkäses. Er hat, wie dieser, wegen seines Geruchs seine innigen Liebhaber und seine erklärten Feinde. Hier rührt der Geruch allerdings nicht von der Käsemasse her, sondern vom sehr aromatischen Zigerkraut (wenn mir bloß einer sagen könnte, wie das botanisch heißt!). Hätte ich nicht in etlichen Käsehandlungen Deutschlands das vertraute Zigerstöckli schon gesehen, hätte ich die einfachen Großmutter-Rezepte hier auch nicht erwähnt.

(Inzwischen habe ich erfahren, daß Schabziger sogar nach Amerika exportiert wird.) Man schabt ihn mit dem Messer aufs Butterbrot oder raffelt ihn fein und vermischt ihn zu gleichen Teilen mit zimmerwarmer Butter. Letzteren Brotaufstrich nannten wir Kinder «Laussalbe».

— Schließlich sei auch noch der *Schachtelkäse* erwähnt. In Deutschland kennt man ihn unter dem Namen *Schmelzkäse*. Er ist in Dreiecks-, neuerdings auch in Scheibenform in Silberpapier (so nannte die Großmutter die Alufolie) oder – auch neuerdings – in Plastik erhältlich. Für Schachtelkäse wird Hartkäse geschmolzen, mit Konservierungsmitteln (meist Phosphat) versehen, in Formen gegossen und abgepackt. Dieser Käse ist ohne besondere Lagerung lange haltbar. In meinem Haushalt gehört er zum Notvorrat.

Käserezepte

Formaggini sott' olio

Kleine (oder in Stücke geschnittene) Frischkäse aus Kuh-, besser aus Ziegen-, am besten aus Schafsmilch in ein gut verschließbares Glas legen, dazwischen Pfefferkörner, Lorbeerblätter, Rosmarinzweige, geschälte Knoblauchzehen, geben, mit Olivenöl «extra vierge» auffüllen. Das Olivenöl sollte schließlich einige Millimeter über dem letzten Käsestück stehen. Mindestens vier Tage lang im Keller aufbewahren.

So eingemachter Frischkäse hält sich etwa vier Monate, wird immer besser.

Gratin dauphinois

- 1 kg Kartoffeln, geschält, geviertelt, in halbzentimeterdicke Scheiben geschnitten
- 3 dl Milch
- 100 g Greyerzerkäse, geraffelt
- 1 Knoblauchzehe, gepreßt
- 1 KL Salz
-     grob gemahlener schwarzer Pfeffer
- 1 Prise Muskat
- 4 EL Butter

Die Kartoffelscheiben auf Küchenpapier trocknen, in die gefettete Auflaufform geben. Milch, Knoblauch und Gewürze miteinander verquirlen, über die Kartoffeln leeren, mit Butterflokken bestreuen.
Im auf 200° vorgeheizten Backofen ¾ bis 1 Std. backen (alte Kartoffeln garen langsamer als neue). Falls die Käsekruste zu dunkel wird, mit Pergamentpapier abdecken.

Käsesoufflé

- 2 mittelgroße Fenchel- oder Sellerieknollen, gewaschen, geputzt, in Streifen geschnitten
- 250 g gekochter Schinken, in Würfel geschnitten
- 2 EL Butter
- 2 EL Mehl
-     Salz, Pfeffer, Muskat
- 2 dl Gemüsebrühe (Gemüsekochwasser)
- 5 Eigelb
- 100 g geriebener Käse (am besten Sbrinz oder Parmesan)
- 5 Eiweiß, ganz steif geschlagen

Das Gemüse in der Brühe halbweich kochen, abschütten (2 dl des Gemüsekochwassers zurückbehalten). Mit dem Schinken vermischt auf den Boden einer gefetteten, hohen Auflaufform geben.

Die Butter schmelzen, das Mehl beigeben, gut vermengen, vom Feuer nehmen, die Gemüsebrühe beigeben, mit dem Schneebesen rühren, wieder zurück aufs Feuer stellen, würzen, einige Minuten köcheln. Vom Feuer nehmen, die Eigelb darunterrühren, dann den Käse. Die Eiweiß sorgfältig unterheben, über das Gemüse schütten. Achtung: die Auflaufform darf nur bis zur Hälfte gefüllt werden, denn das Soufflé geht hoch auf.
Im auf 175° vorgeheizten Ofen 25 Min. backen. Ofentüre nicht öffnen!
Blattsalat dazu schmeckt am besten.

Älplermakkaroni

```
    3 l     Wasser
    1 KL    Salz
  300 g     Makkaroni
  150 g     geriebener Alpkäse, voll- oder
            halbfett, oder einfach gut
            schmelzender Käse
    2 dl    Milch
    2 EL    gehackten Schnittlauch
```

Es gibt Rezepte, da werden die Makkaroni anstatt in Wasser in Milch weichgekocht. Mir widersteht das schon beim Lesen – und die meisten meiner Leser werden nicht die Schwerarbeit eines Aelplers leisten müssen.
Das Wasser mit dem Salz aufkochen, die Makkaroni beigeben, abgedeckt auf kleinem Feuer al dente kochen. Den Käse mit der Milch vermischen, unter die Makkaroni mengen, in einen Topf mit Deckel geben. Einige Minuten zugedeckt stehen lassen, mit Schnittlauch bestreut servieren.

Schachtelkäsli-Schnitten

```
  8 Scheiben  Toastbrot
  8 KL        herben Weißwein
  4 Dreiecke  Schachtelkäse (z. B. Schinken-,
              Champignons-, Kräuter- oder
              Zwiebelaroma)
```

Die Brotscheiben auf ein gefettetes Backblech legen, mit je 1 KL Weißwein beträufeln, ½ Dreieck Schachtelkäse in Flocken darübergeben, 10 Min. überbacken. Mit Salat ein leichtes Essen für Überraschungsbesuch.

Schweinskotelett mit Parmesankäse

```
    4       Schweinskoteletts mit Knochen
            Salz, Pfeffer
  100 g     geriebener Parmesankäse
    2 dl    Rahm
    1       Knoblauchzehe, gepreßt
```

Die Koteletts salzen, pfeffern, in eine bebutterte Auflaufform legen. Den Käse mit dem Rahm und der Knoblauchzehe vermischen, über die Fleischstücke geben, im auf 220° vorgeheizten Ofen 25 – 30 Min. backen.

Schabziger-Hörnli

    2 l *Wasser*
    1 KL *Salz*
4 Handvoll *Eierhörnli*
    2 dl *Fleischbrühe*
1 Stöckli *Schabziger, gerieben*

Wasser und Salz aufkochen, die Hörnli beigeben, abgedeckt auf kleinem Feuer kochen. Wasser abschütten. Hörnli und den geriebenen Schabziger lagenweise in eine bebutterte Auflaufform geben, zuoberst Ziger. Die Fleischbrühe darübergießen, 20 Min. auf 200° backen.

Polenta mit Gorgonzola

  1 l *Wasser*
  1 KL *Salz*
200 g *Polenta (Maisgrieß)*
200 g *Gorgonzola*

Das Wasser mit dem Salz aufkochen. Den Kochtopf vom Feuer nehmen, die Polenta hineinschütten, gut umrühren. Den Kochlöffel quer über den Topf legen, diesen mit einem Deckel zudecken, so daß noch Luft dazukommt. Wieder aufs Feuer stellen, aufkochen (Achtung: während der ersten Minuten spritzt die Speise stark). Feuer reduzieren, 45 Min. köcheln. Gelegentlich umrühren. Die Masse auf ein Backblech schütten, den Käse scheibenweise darauflegen, ca. 15 Min. überbacken.

Von den sogenannten unschuldigen Lämmern

«Donni!», flüsterte angstvoll Elfriede, die Bärenfrau. «Donni, wach auf, es ist jemand an der Haustür.» Anton, der Bär wälzte sich auf die andere Seite, zog die Decke über die Schultern, schnaufte tief und schlief weiter. Elfriede, die ihren Mann aus vielen langen Ehejahren kannte, griff in ihrer Angst sofort zum äußersten Mittel: sie zog Anton einfach die Bettdecke weg.
«Anton, aufwachen, es ist was.»
Der Bär zog seine Beine an, machte einen riesigen Buckel gegen die Kälte, legte den Kopf auf die Pfoten und schlief weiter. «Aufwachen», sagte Elfriede. Er tastete, ohne die Augen zu öffnen, nach dem Wecker, führte den vor das Gesicht, blinzelte einen Augenblick, stellte ihn wieder zurück auf den Nachttisch und sagte vorwurfsvoll: «Laß doch den Quatsch, es ist doch erst Weihnachten.» Er wollte weiterschlafen, denn bekanntlich schlafen ja die Bären über den ganzen Winter und wachen erst im Frühjahr auf, es sei denn ...
«Es ist jemand an der Tür, ich glaub es ist der Jäger», fauchte Elfriede, «aber dir ist es gleich, was mit mir und den Kindern geschieht. Schlaf halt weiter.»
Mit einem Ruck sprang Anton aus dem Bett. «Nimm die Kinder, versteck dich hinten in der Höhle, ich schau nach», sagte er. Und dann trottete er zum Eingang der Höhle, um nachzuschauen, wer da war. Es war Agnes, das Schaf.
Anton war sofort ganz wach, und die Vorstellung eines mittwinterlichen Bratens trieb ihm das Wasser in den Mund.
«Bist du verrückt geworden», brüllte er Agnes an. Weil ja auch ein Bär nicht so ohne weiteres ein Schaf umbringen kann, er braucht dazu ein bißchen Zorn oder den entsprechenden Hunger. Das Schaf sagte: «Laß den Blödsinn, Anton. Dazu ist jetzt keine Zeit.»
Der Bär war fassungslos. Die Welt mußte am Untergehen sein, wenn Schafe so mit Bären sprachen. Agnes fuhr fort: «Da drunten in einem kleinen Stall, einem Schafstall wohlverstanden, bei Bethlehem, ist ein Menschenkind geboren, heute nacht, und das bringt den Frieden, darum darfst du mir auch nichts tun, und alle Tiere sollen dahin kommen. Hol also Elfriede und die Kinder und komm mit.» Und so kam es, daß die vier Bären und das Schaf durch die Nacht und durch den Schnee zum Christkind an die Krippe gingen. Nun, werden Sie, liebe Leser, sagen, das hätten Sie noch nie gehört, daß die Tiere zum neugeborenen Jesus gegangen wären. Aber erstens ist das eine Erfindung nicht nur von mir, zweitens glaubt man sowieso schon immer, daß ein Ochs und ein Esel, also Tiere, dabei gewesen sind, und drittens – und das meine ich ganz ernst – ist die Erlösung nicht nur für die Menschen gekommen, sondern für die ganze Schöpfung: für Menschen, für Tiere, für Bäume, für Gräser, für Steine und für das Wasser. Nur hat ER diese Erlösung der freien Entscheidung der Menschen überlassen, und darum hängt das, was in der Welt geschieht, vom Gewissen der Menschen ab. Aber kehren wir zu unserer Geschichte zurück. Alle waren sie an der Krippe. Der Bär und das Schaf, der Wolf und die Kuh, der Fuchs und das Huhn, die Schlange und der Frosch, der Adler und die Maus.
Und SEIN Friede kam zu ihnen.

Und als sie in dieser Nacht auseinandergingen, da nahmen sie sich vor, sich nicht mehr gegenseitig aufzufressen. Auch Anton, der Bär, und die seinen.

Bären haben sich immer schon hauptsächlich von Früchten, Beeren, Wurzeln ernährt. Sie haben den Bienen den Honig weggenommen und gelegentlich haben sie sogar Gras gefressen. Aber dann und wann kam der Hunger nach Fleisch über sie, dann haben sie Fische gefangen und ein Schaf geschlagen. Ihr Körper hat danach verlangt. Und das änderte sich auch nicht nach jener Nacht.

Anton und Elfriede haben zunächst nur noch von Pflanzen gelebt, und sie haben auch ihren Kindern, dem Mäxle und der Ursula, nur Pflanzen als Nahrung gegeben. Aber dann kam der Tag, wo das Mäxle krank wurde und Antons Schwester, die auch Hebamme war und somit etwas von der Gesundheit, aber auch von den Geheimnissen der Natur verstand, sagte: «Ihr müßt dem Mäxle ein Stück Fleisch zu essen geben.»

Anton sagte: «Aber seit Weihnachten essen wir kein Fleisch mehr.» Da sagte die Hebamme Berta: «Ja, ja, ich weiß, Friede auf Erden. Aber der Friede wird vielleicht erst. Und Bären brauchen für ihren Körper von Zeit zu Zeit Proteine.»

Weil sie ganz und gar modern und ernährungsphysiologisch gebildet war (sie war nämlich mit dem Sohn der alten Hebamme kurzfristig befreundet, der so etwas studiert hatte), sagte sie auch noch das: «Euer Körper braucht 22 Eiweißstoffe, um gesund zu bleiben. Von denen kann euer Körper selber nur 14 ausreichend herstellen. Die fehlenden 8 muß er aus der Nahrung entnehmen. Im Gegensatz zu euch kann ein Schaf, oder eine Kuh oder ein Reh, diese 8 Stoffe, Aminosäuren heißen sie, selber bilden. Und darum müßt Ihr tierisches Eiweiß essen. Die Menschen können sich übrigens damit behelfen, daß sie Eier und Milch und Käse essen, da sind diese Aminosäuren auch drin. Aber das können Bären eben nicht.»

So kam es, daß Bären nach wie vor keine reinen Vegetarier sind, sondern auch Fleisch essen müssen. Und so kommt es, daß auch wir Menschen z. B. Lämmer essen. Lämmer, denen die wenigsten von uns irgend etwas tun könnten, wenn wir sie auf der Weide mit ihren Müttern spielen sehen.

Also ich möchte meine Geschichte, um im Stil einer Geschichte zu bleiben, so beenden: Weil die Tiere ihrem Vorsatz, sich nicht mehr gegenseitig aufzufressen, nicht treu bleiben konnten, waren sie traurig. Und das ist der Grund, warum die Tiere nicht mehr lachen.

Aber jetzt höre ich schon die Kathrin sagen: «Da kennst Du meinen Kater Mösli schlecht. Wenn der etwas angestellt hat, lacht er mich regelrecht aus.»

Aber dieses Kapitel handelt ja nicht von Katzen und Bären, sondern von Lämmern, die seit alters als Symbol des Opfers gelten. Meist wird noch hinzugefügt: des «unschuldigen Opfers.» Mich ärgert dieses Adjektiv «unschuldig» seit eh und je im Zusammenhang mit Lämmern. Ich finde, ein Schaf oder ein Hammel sind kein bißchen «schuldiger» als ein Lamm und eine Kuh ist nicht «schuldig», ein Fisch nicht und ein Schwein auch nicht. Zum Begriff «Schuld» gehört eine Ordnung, gegen die man aus freien Stücken verstößt, und genau dies tun Tiere nicht. Sie kennen die Ordnung nicht, aber sie leben nach den Notwendigkeiten, die ihnen ihr biologisches Dasein vorschreibt.

Kathrin steht auf dem Standpunkt, daß sie die Lämmer, die sie in jedem Winter aufzieht, vermutlich wird sie darüber sprechen, wenigstens einen Sommer lang leben läßt, ehe sie geschlachtet werden. Ich finde das schön. Und meistens macht Kathrin noch etwas ganz anderes. Wenn sich ein Zoo findet, dem sie das Lamm schenken kann, dann tut sie es, auch wenn sie viel Mühe aufgebracht hat, das Lamm aufzuziehen: ein Lamm braucht wie ein Menschenbaby bei Tag und Nacht alle 4 Stunden Nahrung. Und das bedeutet, daß Kathrin oder Susi den Lämmern um 12 Uhr in der Nacht und um 4 Uhr in der Früh auch zu trinken geben müssen, weil ja die Kathrin all die Lämmer aufzieht, deren Mütter zwei oder drei Lämmer geworfen haben und deshalb eines nicht annehmen. Die Bauern aus Froda bringen ihr diese Schäfchen, die im kalten Winter in der Wohnung von Kathrin leben. Im Kapitel «Rindfleisch» haben wir davon erzählt, wie die Menschen, die in der frühen Zeit Jäger und Sammler waren, die Erfindung der Herde gemacht haben. Aber wahrscheinlich waren die ersten Herden, die Menschen besaßen, keine Herden von Rindern, sondern von Schafen. Jäger und Sammler, das bedeutete, die Menschen haben wildlebende Tiere getötet, sie haben Beeren, Früchte und Wurzeln gesammelt, sie konnten keine festen Wohnungen haben, weil sie dahin ziehen mußten, wo es die meisten wilden Tiere gab und wo die Beeren und Früchte noch nicht geerntet waren. Es war ein armseliges Leben voll Hunger und Entbehrung. Man nimmt an, daß damals die Menschen höchstens 30 Jahre alt wurden. Erst der Besitz von Herden ermöglichte die Ansiedlung, den Bau von Hütten und das Bleiben in einer bestimmten Gegend. Wir haben beim Kapitel «Rindfleisch» gesagt, daß das «Domestizieren», d.h. das Züchten von zahmen Tieren, von Haustieren also, der entscheidende Schritt in der Entwicklung der Kultur der Menschen war. Das Halten von Schafherden war sicher so etwas wie eine Zwischenstufe. Das sieht man noch deutlich an der Lebensform unserer Schäfer, die mit ihren Herden auf der Suche nach Weiden über weite Strecken ziehen müssen. Früher hatten sie einen Schäferkarren, in dem sie wohnten, heute hat sicher ein Wohnwagen die Rolle jener Holzhütten auf Rädern übernommen.

Auf alle Fälle gibt es kein Tier, das dem Menschen auf so vielfältige Weise dient wie das Schaf. Es gibt Fleisch, natürlich, aber es gibt auch Milch und es gibt Wolle. Auf alle Fälle war der Besitz eines Schafes für die Menschen immer Ausdruck von Vermögen und Reichtum.

So alt wie der Mensch ist seine Erfahrung, daß es Kräfte gibt, die größer sind als er, daß er Menschen verlieren kann, die ihm nahe stehen, daß die Sonne zu viel scheint und die Pflanzen verdorren und die Tiere verdursten, daß die Sonne zu wenig scheint, daß es zu viel regnet, daß es kalt ist, daß andere Menschen ihm Übles antun und daß selbst der stärkste Mensch wehrlos gegen die Krankheit ist und gegen das Schicksal. Und der Mensch hat erkannt, daß hinter den Kräften der Natur etwas stehen muß, das alles, was geschieht, bestimmt, das macht, daß die Sonne an jedem Morgen aufgeht, daß nach jedem Winter der Frühling kommt, daß Früchte wachsen und Kinder geboren werden. Und er nannte diese Kräfte und den Sinn von allem Gott. Und er hat diesen Gott als Partner verstanden, als einen, den er bitten kann, ihm in den Sorgen zu helfen, Nöte zu wenden und dem er danken muß und kann für das Gute, das ihm widerfährt, und wohl auch eine der frühesten Erfindungen des Menschen war das Opfer, das Geschenk an den Gott von etwas, das einen großen Wert hat.

Das Lamm ist, so betrachtet, geradezu die ideale Opfergabe. Es hat einen hohen Wert, denn es kann ein Schaf oder gar ein Hammel daraus werden, es ist etwas Lebendiges, das durch das Schlachten beim Opfer aufhört zu existieren, es ist etwas Schönes und Liebes, das dem Menschen gefallen kann und das dem Gott auch gefallen kann.

Die Griechen haben dem Sonnengott weiße Lämmer geopfert, den Göttern der Unterwelt, des Todes, schwarze.

Unauflöslich ist das Lamm mit dem wichtigsten Ereignis der jüdischen Geschichte verbunden, dem Auszug der Juden aus Ägypten. Die Sippe Jakobs war nach Ägypten gekommen, und in Ägypten war daraus ein Volk geworden, ein Volk, dem Gott die Verheißung gab, daß es in einem Land wohnen sollte, wo Milch und Honig fließt. Der Auszug aus Ägypten wurde für dieses Volk zur Befreiung, zum Aufbruch in eine neue Zukunft. Es ist eigenartig, daß das, was vor mehr als 3000 Jahren in Ägypten geschah, der Anfang war für die Existenz eines Volkes, das trotz seiner Kleinheit, trotz der Zerstreuung in alle Welt, trotz Verfolgung und Vernichtung seine Identität bis heute behielt. Am ersten Frühlingsvollmond feierte und feiert die Judenheit das Passahfest. Es ist der 14. des Monats Nisan, des ersten Monats im Jahr, des Frühlingsmonats, des Monats im Sternbild des Widders.
Gott hatte zehn Plagen über Ägypten geschickt, um den Auszug seines Volkes zu erzwingen. Die letzte dieser Plagen suchte das Land heim: der Tod aller Erstgeborenen, der Menschen wie der Tiere. Und in dieser Nacht, da der Engel des Todes durch Ägypten ging, mußten die Israeliten ein Lamm essen, und mit seinem Blut mußten sie die Türpfosten und die Türschwellen der Innenseite bestreichen zum Zeichen für den Engel. Das Lamm mußte am Spieß gebraten werden, es mußte ganz bleiben und kein Knochen durfte ihm zerbrochen werden. Und es war keine festliche Mahlzeit, sie mußte im Stehen eingenommen werden, bereit für die Reise, den Wanderstab in der Hand. Nichts durfte von der Mahlzeit übrig bleiben, denn am nächsten Morgen würden sie nicht mehr daheim sein. Ungesäuertes Brot aßen sie dazu, Brot aus Wasser und Mehl, in Eile zu einem Teig geknetet. Es sollte das Brot ihrer Knechtschaft sein und die Kräuter, die sie dazu aßen, sollten bitter sein wie ihr Schicksal als Knechte im Land der Ägypter. Bis heute feiern die Juden das Passahfest. Aber seit der Zerstörung des Tempels gibt es kein Osterlamm mehr. Auf dem Sedertisch für die abendliche Passahfeier liegt in der Schüssel nur noch ein Knochen. Stellvertretend für das Lamm, das nicht mehr gegessen werden darf, weil es in Israel keinen Tempel mehr gibt und auch kein Opfer.
Es ist kein Zufall, daß das Christentum das Osterfest am ersten Frühlingsvollmond feiert (am ersten Sonntag danach). Christus hat das Osterlamm (noch war der Tempel nicht zerstört) mit seinen Aposteln gegessen. Und Paulus hat als erster darauf hingewiesen, daß Christus das neue Osterlamm sei. In der geheimen Offenbarung heißt es, daß die gläubigen Christen ihre Kleider in dem Blute des Lammes waschen und dann vom Lamm an die Quellen des lebendigen Wassers geleitet werden. Christus vergleicht sich mit dem Hirten, der das entlaufene Lamm sucht, und er gibt Petrus das Apostelamt wieder zurück, das er durch das Verleugnen des Herrn verloren hatte, mit dem Auftrag: «Weide meine Lämmer».
An all dies erinnern die Osterlämmer aus Biskuit, die am Ostermorgen in vielen Familien auf dem Frühstückstisch stehen. Weil das Schaf schon seit so vielen tausend Jahren ein Haustier des Menschen ist, spielt es natürlich außer in der Religion auch eine große Rolle im Aberglauben. So wird da und dort geglaubt, die Wolken seien Lämmer, die der Herrgott auf die Weide treibe, und die Mutter Gottes und das Christkind fahren in einem Wagen, den Lämmer ziehen. Im Aargau glaubt man, daß das Kind glücklich wird, in dessen Geburtsstunde am Himmel «Schäfchen» stehen. Und weder der Teufel noch Hexen oder Dämonen dürfen die Gestalt eines Lammes annehmen. Und hier taucht wieder der Gedanke der Unschuld auf.
Ein unverheiratetes Mädchen kann auch mit Hilfe von Schafen herausbekommen, welches Schick-

sal sie im kommenden Jahr erwartet. Wenn sie in der Christnacht an einen Schafstall geht und anklopft. Antwortet ein Widder, bekommt sie einen Mann, antwortet ein Schaf, bleibt sie ledig, antwortet ein Lamm, bekommt sie ein uneheliches Kind. Sie kann aber auch in den dunklen Pferch gehen und nach einem Tier greifen, dann kann sie nachsehen, was sie erwischt hat. Ein alter feister Bock, bedeutet natürlich etwas anderes als ein junger Hammel. Aber auf alle Fälle: Sie wird im kommenden Jahr heiraten, einen alten Reichen oder einen jungen Schönen. Erwischt sie ein Schaf, bleibt sie ledig. Die Wahrscheinlichkeit, ein Schaf zu erwischen, ist natürlich größer, als einen der wenigen Hammel zwischen die Finger zu bekommen.
Aber wer schon in der Christnacht derlei Fragen stellen muß, bei dem ist es ohnehin sicher, daß er keinen Mann bekommt und im kommenden Jahr ledig bleibt.
Vielleicht wäre es auch einmal interessant zu fragen, was eigentlich ledige Männer machen. Unser Aberglaube ist voll von Manipulationen, durch die Mädchen erfahren, ob sie im kommenden Jahr heiraten werden. Nirgends hab' ich bisher etwas gefunden, das meinen unverheirateten Freunden helfen würde. Aber ich glaube, das hängt damit zusammen, daß Männer ja nicht heiraten, sondern geheiratet werden.
Wie bin ich jetzt nur vom unschuldigen Opferlamm auf einen geheirateten Junggesellen gekommen?
Vor einigen Jahren habe ich einmal das Osterfest in einem kleinen griechischen Dorf verbracht. Es war in Thessalien, in der weiten Ebene zwischen den Bergen, wo ein Großteil des Getreides wächst für das Brot, das die Griechen essen. Wo es Pferde gibt seit dem Altertum und Schafherden. Schafherden, die auch dort weiden, wo im Zeichen der EG die Bauern kein Getreide mehr anpflanzen. Wir waren zu Gast bei Vasiliki und Georgios, zwei freundlichen älteren Leuten. Vasiliki webte Flokatiteppiche und Georgios hütete seine Schafe.
Eine würdige Tätigkeit für einen Griechen, der gerne über die Läufe dieser Welt nachdenkt und sich gern mit den Nachbarn darüber unterhält. Und wenn er einer älteren Generation angehört, auch zufrieden ist, mit dem was er hat oder nicht hat. Der Morgen des Karsamstag brach an, und Georgios hatte an diesem Tag viel zu arbeiten. Er hatte 11 Lämmer zu schlachten, einjährige, versteht sich, an denen auch etwas ist, aber eben Lämmer. Wir haben einen Film gedreht über Ostern und über das, was an Ostern in einem kleinen griechischen Dorf geschieht. Und so wollte ich auch sehen, wie die Lämmer getötet werden. Wir haben den Tod eines Lammes gefilmt. Georgios trug das Tier auf den Armen an den Schlachtplatz. Er hatte es noch einmal gestreichelt, was in Griechenland sicher nicht die Regel ist. Das Verhältnis von den Griechen zu den Tieren, zu den Katzen und vor allem zu den ärmsten, die es gibt, zu den Eseln, ist wenigstens gleichgültig, um nicht zu sagen, grausam.
Er legte das Lamm auf den Boden, drehte es auf den Rücken, sagte zu ihm: «Kalo Anastasis», das heißt auf deutsch: «Gute Auferstehung», und ist das, was man sich in Griechenland, dem Land der unterschiedlichen Wünsche, vor Ostern wünscht. Aber in diesem Augenblick bedeutete es auch noch mehr. Und dann schnitt er dem Lamm mit seinem sehr scharfen Messer die Kehle durch. Das Lamm war nach wenigen Augenblicken tot. Ich hatte nicht den Eindruck, daß es leiden mußte.
Und doch hätte ich an diesem Tag nichts von seinem Fleisch essen können, auch wenn ich am Karsamstag Fleisch essen würde. Am Ostersonntag, nach der unvergleichlichen Freude der Dorfbewohner in der Osternacht, begann der Ostertag damit, daß in allen Gärten, bei allen Familien die

Grillkohle angezündet wurde. Nicht in kleinen Grillgeräten, in riesigen Wannen, über denen sich dann, spätestens ab 9.00 Uhr die Spieße mit den ganzen Lämmern drehten.
«Jeder, der essen will», sagte mir Georgios, «muß auch den Spieß drehen».
Aber dieses Spießdrehen war schon das Fest.
Plattenspieler, Radios und Tonbandgeräte gaben unterschiedliche griechische Volksmusik von sich, die Familien – wer immer es sich leisten kann, fährt über die Feiertage heim – tanzten den Sirtos. Es gab Ziporo, den griechischen Bauernschnaps, und Wein und Stücke von der Lammleber und Brot.
Um 12 Uhr begann das eigentliche Essen, das wunderbare Fleisch der über der Kohle gegrillten Lämmer. Das Sterben der Tiere hatte ich vergessen oder verdrängt. Am Nachmittag tanzte die Dorfjugend auf dem Platz vor der Kirche in griechischer Tracht.
Georgios bot mir eine besondere Delikatesse an: die Augen des Lammes. Ich hab' sie nicht essen können, obwohl Janni sagte: «Du mußt, sonst ist er beleidigt.»
Und Janni muß es wissen, Janni ist Grieche.
Was meint eigentlich der Ernährungswissenschaftler zum Schaffleisch? Im Kapitel Fisch habe ich von jenen essentiellen Fettsäuren (essentiell, d. h. wesentlich, weil der Mensch sie nicht selbst produzieren kann) gesprochen, die das Blut dünn machen, den Blutdruck senken, das Herz entlasten. Fische bauen sie auf aus Algen. Sie sind auch aus Moosen und Farnen aufzubauen und darum im Fleisch von Wildtieren enthalten. Schafe fressen Moose und Farne auch, und darum enthält ihr Fleisch ebenfalls z. B. Linolensäure. Im Gegensatz zu Kühen, die überhaupt nie aus dem Stall kommen oder wenn, dann nur auf Kulturwiesen, wo es kaum Moos und Farn gibt.

Die Lammgeschichte

Jede unserer Sendungen beginnt mit Dias oder einem kleinen Film, wie es bei uns im Tessin momentan aussieht und zugeht. Werner ist Fotograf und / oder Kameramann. Susi wünscht sich nun noch ein verstecktes Mikrophon und eine ebensolche Kamera, um Werner zu filmen, wie er fotografiert oder filmt. Da wir noch nicht soweit sind, versuche ich, dies hier zu beschreiben.
Es ist Ende März. Werner kommt mit seiner Sekretärin Annette.
Wir vereinbaren telefonisch, daß Susi und ich um halb zehn Uhr bei der Brücke sind. Werner steht auf der Brücke, offensichtlich filmend. Annette befindet sich ein paar Meter hinter ihm und macht uns ein Zeichen, das wahrscheinlich bedeuten soll, der Meister sei schlecht gelaunt. Wir gehen sozusagen auf Zehenspitzen zu ihm hin. Er filmt immer noch. Das Summen der Kamera verstummt, wird abgelöst durch heftige Schimpfworte von seiten Werners. Wir kombinieren daraus, daß er mit der einen Kamera das aufgehende Sonnenlicht auf den Bergspitzen filmen wollte, das Akku aber nach ein paar Filmmetern schon leer war. Wenn das kein Grund zu schlechter Laune ist! Annette brachte ihm die zweite Kamera – und die hat ihm jetzt dasselbe Spiel geboten. Fauch!
Annette versucht zu trösten. Es liegen ja noch zwei Photo- und ein Polaroid-Apparat im Auto. Sicherheitshalber bringt sie gleich alle drei. Werner beschließt, nun keine «Berge im Sonnenglanz»-Aufnahmen mehr zu machen, sondern seine Photo-Filme für das Wesentliche zu sparen. Er will nämlich Lämmer, hopsende, sich des Lebens freuende Lämmer in der Kamera haben.
Wir gehen zum Stall. Lämmer gibts im Überfluß: fünf unserer Milchschafe haben zwölf Junge geworfen. Und zwei Alpschaf-Waisenlämmchen hüpfen im Hof herum. Das sind diejenigen, die meine Mitbewohnerinnen und mich allesamt als Mama betrachten, da sie mit der Flasche ernährt werden.
Manchmal könnte man schon meinen, böse Männchen würden einem Sand ins Arbeitsgetriebe streuen. In der einen Kamera waren noch zwei zu belichtende Fotos, in der andern eines – und mit der Polaroidkamera hatte Annette ein Foto des in etwas verquerer Haltung fotografierenden Wer-

ner gemacht – und dann war auch jener Film voll – und keiner konnte das Gesicht des – sagen wir einmal unwirschen – Werner aufs Bild bannen.
«Ich muß die Lämmer haben,» sagt Werner. «Morgen machen wir die ganze Übung nochmals».
Ich weiß ganz genau, weshalb Werner so erpicht auf die herzigen, hüpfenden Lämmer ist. Wir arbeiten jetzt – Moment, ich muß nachrechnen – neun Jahre zusammen. Unsere Sendungen werden wohl bezüglich des Ablaufes und gewisser Arbeiten geprobt. Die Gespräche, die sind frei – und für mich hie und da «frei schwebend ohne Netz» – Werner stellt mir irgend eine verzwickte Frage, die ich dann sachlich, überlegen, ruhig beantworten soll. Niemand – vor allem er nicht – braucht zu wissen, daß ich sozusagen innerlich schwitze, weil er mich wieder einmal in eine Zwickmühle gesteckt hat.
«Lamm» ist das Thema unserer nächsten Sendung. Ich halte jede beliebige Wette, daß sie mit den geplanten, süßen Lämmchenfotos oder dem -Film beginnt und Werner mich dann überfällt mit der Frage: «Und du, die du diese Tierchen hegst und pflegst, ausgerechnet du ißt sie nachher».
Was werde ich darauf antworten?
Ich weiß, daß jede Bauernfrau die gleichen Überlegungen wie ich machen muß: Es *ist* schwer, Tiere, die einem ans Herz gewachsen sind, schlachten zu lassen. Was ich nie können werde: unsere Flaschenlämmer essen. Für sie haben wir aber eine sehr glückliche Lösung gefunden. Es gibt ein Behindertenheim, wo es zur Therapie gehört, Tiere zu pflegen. Dahin können wir unsere Lämmchen bringen, wenn sie nur noch dreimal täglich ihre Flasche brauchen. Ich bekomme dann jeweils rührende Dankesbriefe – und dabei bin doch ich es, die danken muß, weil mir diese Sorge abgenommen wird.
Und unsere Milchschaf-Lämmer?
Ich muß mich jedesmal wundern, wenn jemand mir versichert, er sei absoluter Vegetarier, damit seinetwegen keine Tiere geschlachtet würden. Er decke seinen Eiweißbedarf eben mit Milch und Käse. Viele Stadtmenschen wissen es offenbar nicht, daß ein Tier nur Milch gibt, nachdem es – meist jährlich – ein Junges geboren hat. Was wollte man mit all den Kälbern, Lämmern und Zicklein tun, wenn man sie nicht schlachten soll?
Ich esse nur Fleisch von Tieren, von denen ich weiß, daß sie gut gehalten worden sind. Ich mag auch kein Fleisch von Tieren, die noch Milch trinken.
Unsere Milchschaf-Lämmer dürfen drei Monate bei ihren Müttern bleiben, werden dann auf eine Alp gebracht, wo sie bis zum Spätherbst bleiben. Diejenigen, die sich nicht zur Zucht eignen, muß man dann eben schlachten. Das besorgt ein Metzger in der Nähe der Alp. Wir bekommen das Fleisch tiefkühlfertig abgepackt. Wir wissen, was wir essen.
Daß Fleisch ein Teil der menschlichen Nahrung sein soll, scheint mir bei aller Tierliebe normal. Schon Abel, der Sohn Adams, züchtete Schafe. Und – hätten wir ein zum Fleischessen ausgebildetes Gebiß, einen dafür geeigneten Verdauungsapparat, wenn das nicht so sein sollte?
Was nicht sein soll, das ist unsachgemäß oder bloß auf Profit ausgerichtete Tierhaltung, unnötige Quälerei, zum Beispiel von Schlachtvieh, das hungernd, durstend und zusammengepfercht noch weite Transportwege zurücklegen muß.
All das möchte ich Werner sagen, wenn er mir dann jene verzwickte Frage stellt.
Bleibt nur noch offen, ob ich soviel Zeit für meine Antwort haben werde . . .

Die Großmutter wußte . . .

Allgemein als *Lammfleisch* wird dasjenige Fleisch bezeichnet, das von im Winter oder Frühjahr geborenen Tieren stammt, die den Sommer auf der Alp oder sonst auf der Weide verbracht haben. Solches Fleisch ist im besten Sinne «biologisches» Fleisch, fressen die Tiere doch während der ganzen Sommerzeit nur Alpenkräuter. Ihr Fleisch ist relativ fettarm, hat eine kurze Garzeit und ist hoch aromatisch. Fleisch von Alplämmern hat niemals den widerwärtigen Bocksgeruch.

Schließlich ist da noch das *Schaffleisch*. Das stammt von mindestens einmal trächtig gewesenen Schafen oder von männlichen Zuchttieren. Kauft man es im Herbst, so sind auch diese Fleischqualitäten aromatisch, wenn auch zäher. Das Alter des Tieres erkennt man daran, daß das Fett gelblich ist, das Fleisch tiefrot. Man kann es marinieren oder beizen wie Wildbret. Auch Zugabe von Knoblauch (z. B. dem Knochen entlang mit Knoblauchstiften gespicktes Gigot oder Schulterstück) nimmt den Schafsgeruch. Prinzipiell gilt die Regel, daß man Fett nicht vom Fleisch schneiden soll, bevor es gebraten ist. Zuviele Aromastoffe gehen sonst verloren. Wer Fett nicht mag, kann es vor dem Servieren oder Essen immer noch wegschneiden.

Lammrezepte

Die Lammspeise meiner Kindheit war Irish Stew — aber nicht, wie eigentlich in allen Kochbüchern angegeben, mit Kohl und Karotten, sondern einzig mit grünen Bohnen. Das Rezept dazu habe ich nirgends gefunden und deshalb versucht, es nachzukochen, bis ich eine nach «Kindheit» schmeckende Variante fand.

Irish Stew — Aroser Art

1½ kg Schaffleisch mit Knochen
2 mittelgroße Zwiebeln, fein gehackt
2 Knoblauchzehen, gepreßt
1 kg grüne Bohnen, abgefädelt
1 l Rinderbrühe
Salz, Pfeffer
1 kg Kartoffeln, geschält, geviertelt
2 EL Petersilie, gehackt

Das Fleisch, die Gewürze und die Bohnen lagenweise in einen Kochtopf schichten, mit der Rinderbrühe übergießen, 1½ Std. köcheln lassen, die Kartoffeln daruntermischen, evtl. noch etwas Bouillon beigeben, damit sie von der Flüssigkeit bedeckt sind, 40 Min. weiterkochen. Vor dem Servieren mit Petersilie bestreuen. Schmeckt aufgewärmt *noch* besser, ebenfalls die sehr reichlich bemessenen Zutaten.

Für keine andere Fleischart habe ich in ältern und alten Kochbüchern so viele verschiedene Marinaden und Beizen gefunden. Vor allem Hammelfleisch braucht diese Vorbehandlung, um zu einem wirklichen Leckerbissen zu werden.

Ein paar Anregungen:
— Einreiben mit Rotweinessig oder Zitronensaft (2 Std.)
— Bestreichen mit Senf (2 Std.)
— Aus Senf, gepreßtem Knoblauch, Rosmarinnadeln eine Paste machen, das Fleischstück damit bestreichen (2 Std.)

Knoblauch-Marinade (1 Std.)

2 EL Olivenöl
2 EL herber Weißwein
5 Knoblauchzehen gepreßt
1 TL Oregano, getrocknet
1 TL Thymian, getrocknet
grob gemahlener schwarzer Pfeffer

alle Zutaten gut miteinander vermengen, die Fleischstücke dazugeben, einige Male wenden.

Zitronen-Marinade (1 Std.)

2 EL Olivenöl
2 EL Zitronensaft
abgeriebene Schale einer halben Zitrone
1 EL Rosmarinnadeln

Wein-Beize (3 Tage)

½ l herber Rot- oder Weißwein
2 dl Rot- oder Weißweinessig
2 dl Wasser
1 Zwiebel, in Ringe geschnitten
1 Karotte, in Rädchen geschnitten
2 Knoblauchzehen, gepreßt
2 Lorbeerblätter
2 Gewürznelken
5 Wacholderbeeren
5 schwarze Pfefferkörner

Die festen Zutaten in den kalten Flüssigkeiten aufsetzen, langsam zum Kochen bringen, 30 Min. köcheln, abkühlen, alles über das Fleisch gießen, zudecken, im Winter 3, im Sommer 2 Tage kühl gelagert beizen, täglich einmal wenden.
Wichtig: gebeiztes Fleisch muß vor dem Anbraten gut trockengetupft werden. Man achte darauf, daß das Öl oder die eingesottene Butter zum Anbraten gut erhitzt werden, bevor man das Fleisch zugibt.
Beize für die Zubereitung der Soße verwenden!

Lammschulter

1 Lammschulter, ausgebeint oder mit Knochen
Weißweinbeize
2 EL eingesottene Butter
Salz, evtl. Pfeffer, Paprika
1 dl Rahm

Das Fleisch beizen, trockentupfen. Die Butter heiß werden lassen, das Fleisch darin ringsum anbraten. 1 dl der Beize zum Ablöschen verwenden, die Beizgemüse beigeben, alles zugedeckt 1¼ Std. köcheln lassen. Evtl. noch mehr Beize zugeben. Das Fleisch herausnehmen, warmstellen, die Sauce abseihen, evtl. nachwürzen, den Rahm zugeben, alles nochmals gut warm werden lassen (aber nicht kochen!). Über das in Scheiben geschnittene Fleisch geben.

Lamm- oder Schaffleisch in Verbindung mit Gemüse und Kartoffeln: die alten regionalen Schweizer Kochbücher sind voller köstlicher Rezepte.

Chabis und Schaffleisch

2 EL eingesottene Butter
1 kg Schaffleisch mit Knochen
1 kg Weißkohl, fein geschnitten, gewaschen aber nicht abgetropft
2 große Zwiebeln, fein gehackt
4 Knoblauchzehen, gepreßt
Salz, Pfeffer

Die Butter schmelzen, das Fleisch ringsum gut anbraten, wegstellen, den Kohl in der Bratpfanne im selben Fett ebenfalls andünsten, lagenweise Gemüse und Fleisch in eine gußeiserne Kasserolle geben, zuletzt Zwiebel und Knoblauch, würzen. Der Kohl zieht soviel Wasser, daß das Fleisch darin gedünstet werden kann. Mit Salzkartoffeln servieren.

Churer Beckibraten

2 EL	eingesottene Butter
800 g	Gigot oder Schulter
	Salz, Pfeffer
2 dl	Fleischbrühe
1 dl	Weißwein
500 g	Karotten, geschält, fein gewürfelt
200 g	grüne Bohnen, abgefädelt
500 g	Kartoffeln
250 g	Karotten, in Rädchen geschnitten
¼	Sellerieknolle, in Scheiben geschnitten
2 mittelgroße	Zwiebeln, fein gehackt

In einer Gußeisenkasserolle die Butter heiß werden lassen, das Fleisch darin ringsum gut anbraten, mit dem Weißwein ablöschen, etwas einkochen lassen, Fleischbrühe und Gemüse um das Fleisch legen, 1¼ Std. zugedeckt köcheln lassen. Veltlinerwein dazu!

Lamm-Pilaw, Balkan-Art

500 g	geschnetzeltes Lammfleisch
2 mittelgroße	Zwiebeln, fein gehackt
1	Knoblauchzehe, gepreßt
250 g	Langkorn-Reis (also nicht italienischer Reis)
6 dl	Rinderbrühe
2 EL	Tomatenpüree
1 EL	Zitronensaft
	Salz, Pfeffer
1 Handvoll	Sultaninen
2 EL	eingesottene Butter
½ Glas	Joghurt
1 Handvoll	Pinienkerne (ersatzweise geschälte, gehackte Mandeln)

Die Sultaninen in warmem Wasser einweichen. Die Butter heiß werden lassen, das Fleisch darin anbraten, Zwiebeln, Knoblauch und Reis beifügen, alles mitdünsten, mit der Brühe ablöschen, Tomatenpüree und Zitronensaft beifügen, gut umrühren, salzen, pfeffern, aufkochen, zudecken, 25 Min. köcheln lassen. Die Sultaninen abschütten, mit dem Joghurt und den Nüssen mischen, zur fertig gekochten Speise geben, nochmals heiß werden lassen, servieren. Gurkensalat, mit Dillspitzen überstreut, paßt am besten dazu.

Die Nahrung, die vom Himmel kommt

Am Anfang war ..., da kommen Sie nie darauf, am Anfang war ein Kürbis. Er wuchs an der Liane, die die Achse der Welt ist. Dieser Kürbis fiel auf die Erde, und aus dem Kürbis stiegen die Menschen, die gelben, die braunen, die schwarzen, die weißen. Aber in diesem Kürbis war noch etwas. Da war die Nahrung für die Menschen, da waren alle Sorten Reis. Mit Hilfe eines Kürbis hat sich der Urvater des größten Volkes der Welt, der Chinesen, aus der Sintflut gerettet, und wieder war in dem Kürbis das Wichtigste, was er brauchte: der Reis.

Was der Weizen und die Gerste für die westliche Zivilisation ist, das ist für Asien der Reis. 90 kg Reis ißt ein Japaner im Jahr, 2 kg ein Europäer. Der Reis ist in China der Kern der hochentwickelten Kochkunst. Alles ist um ihn herum entwickelt. Alle Speisen sind Zutaten zu der berühmten Schale Reis.

Wo war seine Heimat? Man weiß es nicht. Er braucht hohe Temperaturen, um zu gedeihen, er braucht eine hohe Feuchtigkeit, sowohl der Erde, aus der er wächst, als auch der Luft. Man nimmt an, daß die ersten Versuche, Reis anzubauen, in bewaldeten Schluchten und Senken gemacht wurden, wo es genug Feuchtigkeit gab. Vielleicht war es in Indien. Vielleicht war es dort, wo die Menschen in Berührung kamen mit den Zivilisationen, die Weizen und Gerste anbauten. Eines ist klar, damit man Reis anbauen konnte, mußte die «steinzeitliche Revolution» weit fortgeschritten sein. Die steinzeitliche Revolution, das war der entscheidendste Schritt der Menschheit zur Kultur.

Vor etwa 10 000 Jahren hörten die Menschen auf, als Jäger von wilden Tieren zu leben und als Sammler von wildwachsenden Früchten und Pflanzen. Sie begannen, Tiere zu Haustieren zu machen, und sie begannen, Pflanzen anzubauen. Sie mußten nicht mehr dorthin wandern, wo die wilden Herden lebten und wo gerade etwas reif war. Sie konnten seßhaft werden, sie konnten Hütten bauen, weil sie Herden zahmer Tiere bei sich hatten und weil die pflanzliche Nahrung auf Feldern wuchs. Aus der Einzelhütte einer Familie wurde die Ansammlung von Hütten, das Dorf. Einzelne übernahmen bestimmte Aufgaben für die Gemeinschaft, einer übernahm die Führung des Dorfes und des Stammes, größere Arbeiten konnten gemeinsam erledigt werden, es entstand eine gesellschaftliche Struktur, es entstanden die Anfänge des Staates. Das Miteinander der Gesellschaft mußte geordnet werden, Gesetze mußten formuliert werden.

Um den Reis zu kultivieren, braucht es das Miteinander von Menschen. Jede einzelne Reispflanze wird für sich in sumpfige Erde gepflanzt. Wenn der Reishalm hoch ist, wird das Feld trocken gelegt. Der Reis reift auf dem trockenen Feld aus. Dann wird er geerntet. Das Ganze aber braucht Felder, die man unter Wasser setzen und trockenlegen kann, d.h. es braucht den Aufwand und die Arbeit von mehr als einem einzelnen Bauer, es braucht das organisierte Miteinander eines Dorfes.

Vor knapp 3000 Jahren gab es Reisanbau in China. Um 1000 v.Chr. wurde in Indien ein Buch geschrieben über medizinische Fragen, und in diesem Buch wurden unterschiedliche Reissorten aufgezählt, es ist vom Wasserbedarf und vom Ernährungswert die Rede.

In den Westen kam der Reis durch den Feldzug Alexander des Großen, den er nach Indien im Jahre

327 v. Chr. unternahm. Ein griechischer Schriftsteller, der dabei war, hat beschrieben, wo dieses merkwürdige weiße Korn überall angebaut wurde. Aber die konservativen Griechen konnten mit dem Reis nichts anfangen. Da waren die Römer schon von anderer Art. Und so kommt es, daß in der Poebene schon früh Reis angebaut wurde. Ich selbst habe davon zum ersten Mal erfahren aus jenem Kultfilm meiner Generation mit dem Titel «Bitterer Reis», in dem die schöne Silvana Mangano auf dem Reisfeld bis zu den Knien im Wasser steht und die Reispflanzen setzt (im Zeitalter der knochendürren Damen würde kein Mensch von Silvana träumen).

Inzwischen gibt es in Asien 7000 (!) Sorten von Reis. Ganze 9 davon sind bei uns bekannt.

Vielleicht haben Sie sich auch schon einmal gefragt, warum man aus Reis kein Brot machen kann. Schließlich ist der Reis ein Getreidekorn, man müßte es doch mahlen und Brot daraus backen können. Aber das Geheimnis besteht darin, daß der Reis so gut wie keinen Kleber enthält. Sie erinnern sich, der Kleber ist jener, übrigens eiweißhaltige Stoff in unseren Getreidearten, der beim «Gehen» des Teiges aufquillt und beim Backen erstarrt und macht, daß aus dem weichen Teig das feste Brot, die feste Nudel wird.

Ich weiß nicht wie es Ihnen geht, auch wenn es bei uns keine 7000 Reisarten gibt, verwirrend ist für mich die Art der Bezeichnungen für Reis schon. Gott sei Dank gibt es zunächst einmal nur zwei Grundsorten auf unserem Markt. Der Langkornreis, der auch Patna-, Brüh- oder Tafelreis heißt (lange schlanke Körner, kocht körnig), oder Rundkornreis, auch Milchreis (kleine runde Körner, kocht weich und breiig).

Wenn der Reis geerntet wird, dann ist das Korn mit Spelzen umgeben. Der noch mit Spelzen umgebene Reis heißt Paddyreis. Diese Spelzen werden entfernt, sie sind ungenießbar. Unter den Spelzen liegen mehrere Häute, die den Reiskern umschließen. Dies ist die sogenannte Silberhaut. Und sie enthält die meisten Anteile des Reises an Spurenelementen, Vitaminen, Mineralstoffen, Eiweiß und Fett. In der Regel wird diese Silberhaut in Mühlen abgeschliffen und der Reis poliert. Die Körner haben nach dieser Bearbeitung einen porzellanartigen Glanz. Sie sind durch die Entfernung des hohen Fettgehaltes in der Silberhaut haltbar geworden, aber sie haben für die Gesundheit des Menschen wichtige Stoffe, die in der Silberhaut waren, verloren. Und jetzt beginnt eines der schlimmsten Mißverständnisse. Der so behandelte Reis heißt Weißreis oder Vollreis. Sie sollten sich also vor allem merken, Vollreis ist nicht, wie man meinen könnte, das naturbelassene Reiskorn, sondern genau das Gegenteil. Dieser Reis heißt nur deswegen Vollreis, weil er im Gegensatz zum Bruchreis, der aus Bruchstücken besteht, ganze, wenn auch polierte Reiskörner enthält. In Amerika hat man eine Methode entwickelt, den Reis noch in der Schale mit Druck und Dampf zu behandeln. Dadurch wird ein Teil der Vitamine aus dem Silberhäutchen in den Kern gepreßt. Der Reis wird wieder getrocknet und dann poliert. Dieser so behandelte Reis heißt Parboiled-Reis. Er wird auch als Vollwertreis bezeichnet, obwohl er auch nicht den «vollen Wert» des Reiskorns besitzt. Noch weiter vorbehandelt ist der Schnellkochreis. Weißer Reis wird vorgegart und wieder getrocknet. Auf diese Weise sinkt die Kochzeit auf 5 Minuten. Nun gibt es auf dem Markt aber auch naturbelassenen Reis, der noch von der Silberhaut umschlossen ist. Wegen seines Fettgehaltes ist er nur kurze Zeit lagerfähig. Er heißt Braunreis, Naturreis oder wilder Reis. Dieser Reis hat noch alle natürlichen Stoffe, die Vitamine und die Mineralien.

Zum Schluß noch eine Bemerkung zu den Reissorten.

Ich persönlich esse den naturbelassenen braunen Reis deswegen sehr gerne, weil er einen so schönen Biß hat und kräftig schmeckt. Obwohl er eben sehr körnig bleibt, kann man aus ihm durchaus auch Risotto machen, wenn man ihn nach der Zubereitung (Risottorezepte hat Kathrin schon genügend viele mitgeteilt) noch ¼ Stunde quellen läßt. Aber ich kann verstehen, daß Hausfrauen den polierten Reis oder den Parboiled-Reis vorziehen, weil er schön weiß ausschaut und sich leichter zubereiten läßt.

Die im Rezept auf Seite 111 angegebene Zubereitung von Quellreis läßt alle – noch – im Reis enthaltenen Vitalstoffe drin. Trotzdem glaube ich, muß man den Kult mit diesen Stoffen nicht so weit treiben, daß man nur den ungeschälten Reis verwendet. Vor allem, wenn man frischen Salat, frisches Gemüse und auch Fleisch dazu ißt, wo überall entsprechende Vitamine und Vitalstoffe enthalten sind. Ich wiederhole mich, wenn ich sage, ein Körper, der ausreichend mit Vitalstoffen versorgt ist, und das ist er bei einer vernünftigen gemischten Nahrung, wird nicht noch gesünder, wenn man ihm noch mehr Vitalstoffe zuführt. Was er nicht braucht, scheidet er aus.

Manchem Mitteleuropäer erscheint der Reis auch als eine kolossal langweilige, nichtssagende Angelegenheit, vor allem, wenn er den Reis mit den Kartoffeln vergleicht. Man kann aber Reis auf viele unterschiedliche Weisen zubereiten. Das exzellente Buch «Kochen – die neue Schule» von Arnold Zaber nennt 24 Grundarten.

Was, zum Beispiel, zu den besonderen Genüssen daheim gehörte: Manchmal hat Mutter am Freitag Reisbrei gemacht. Der Reis wurde in Milch gekocht. Dann wurde eine Mischung aus Zucker und Zimt darübergestreut. Eingeweichtes Backobst gab es dazu. Vermutlich seit 40 Jahren habe ich das nicht mehr gegessen. Das gibt mir Anlaß, darüber nachzudenken, warum. Das Problem bei solchen Speisen – Grießbrei mit Himbeersaft kommt mir dabei in den Sinn – liegt halt darin, daß sie so flugs beim morgendlichen Wiegen sichtbar sind. Vor lauter Angst, es nachher wieder büßen zu müssen, ißt man solche Dinge nicht mehr. Ich wenigstens. Kalorienbewußt leben, nennt man das. Aber selbstkritisch muß ich sagen, eigentlich ist das ja nichts anderes als das Eingeständnis der eigenen Unfähigkeit, Maß zu halten. Man dürfte einfach keine drei Teller Reisbrei essen, sondern vielleicht nur einen oder einen halben. Dann wär alles gar kein Problem. Aber wer bringt das schon fertig. Vor allem beim Milchreis, in dem womöglich noch Rosinen sind, vielleicht auch noch ein Schuß Weißwein.

Ja, ja, der Reis. Wieviel Arbeit braucht es, um den Reis auf den Tisch zu bringen. Die Arbeit des Bauern, irgendwo in Asien, in Amerika oder in Italien, auf den sumpfigen Äckern, die Ernte, das Reinigen, das Polieren, die Sache mit dem Parboiled-Reis, die sorgfältige Zubereitung, die damit zu verbindende Phantasie. In Asien erzählen die Menschen, daß der Reis einst vom Himmel fiel wie das Manna in der Wüste, und der Grund, daß die Menschen heute so viel Arbeit mit ihm haben, ist, daß sie das ursprüngliche Verhältnis zum Himmel und seinen Kräften verloren haben.

Sündenfall nennt man das in unserer Kultur.

Die Großmutter wußte ...

— Pro-Kopf-Portion Reis: als Hauptgericht 75 g, als Beilage 60 g
— Risotto: Wird in offener Pfanne gekocht, ständig gerührt. Man rechnet die dreifache Flüssigkeitsmenge
— Trockenreis: Wird auf ganz kleiner Flamme zugedeckt gekocht, nicht gerührt. Man rechnet auf 1 Tasse Rundkornreis 1½ – auf 1 Tasse Langkornreis 2 Tassen Wasser
— Will man ganz weißen Trockenreis, so gibt man dem Kochwasser etwas Zitronensaft zu
— Kocht man Trockenreis, so bereitet man mit Vorteil zuviel zu. Vom Rest lassen sich feine Salate machen
— Auch dem Wasser für Trockenreis sollte man eine kleine Menge Butter beigeben. So wird es lockerer
— Großmutter-System zum Kochen von Trockenreis: Morgens die Reiskörner in der richtigen Salzwassermenge kalt aufsetzen, zum Kochen bringen, den Kochtopf ins Bett stellen, liebevoll möglichst warm zudecken. Mittags ist der Reis genau richtig gequollen.
— Garzeiten sollte man beim Reis besonders genau beachten. Bei italienischem Reis rechnet man 18 Minuten Kochzeit vom Moment der Flüssigkeitszugabe an, vorausgesetzt, man kocht eine Menge für 4 Personen. Bei größeren Quantitäten verlängert sich diese Zeit wesentlich.
Bei Trockenreiszubereitung mit Patna-Reis rechnet man mit einer mehr Quell- als Kochzeit von 25-30 Min. Deckel nicht abheben!
— Milchreis wird lockerer, wenn man vor dem Servieren ganz steif geschlagenes Eiweiß darunterhebt
— Leicht angebrannter Reis läßt sich «retten», indem man die Speise in einen frischen Kochtopf gibt, in dem man etwas frische Butter zergehen ließ, mit frischen Weißbrotscheiben zudeckt und den Topf verschließt. Einige Minuten stehen lassen. Der Geruch ist verschwunden.
— Reis ist nicht gleich Reis. Wir unterscheiden den indischen und den italienischen Reis, schwarzen, wilden, braunen Reis. In Deutschland bezeichnet man den italienischen Reis im allgemeinen als «Rundkornreis» (es gibt ihn in braunen und weißen Qualitäten).
Man versuche niemals, italienische Reisgerichte mit Patnareis (in Deutschland Langkornreis) zuzubereiten. Der Vorteil dieser Reissorte liegt darin, daß die fertige Speise fest und locker bleibt, ist also ideal für alle östlichen Reisspeisen geeignet. Italienische Reisgerichte verlangen eine Reissorte, die breiig wird, sonst schmecken sie einfach abscheulich.
Schließlich gibt es heute noch den Wilden Reis. Dabei muß man mit einer längeren Kochzeit rechnen. Einige Sorten müssen sogar über Nacht eingeweicht werden.
— In der fernöstlichen Küche verwendet man Reis auch zur Herstellung von Nudeln.
— Schließlich sei der Vollständigkeit halber auch noch der Reiswein erwähnt – ich wage aber daran zu zweifeln, ob unsere Großmütter (oder Großväter?) ihn schon gekannt haben.
— In sozusagen allen alten Kochbüchern wird darauf hingewiesen, daß man Reis «erlesen» und «waschen» soll, bis das Wasser klar wird. Bei den heutigen Reisqualitäten ist dies nicht mehr notwendig.

Der Reis in Großmutters Hausapotheke

«Reisschleim kann dir das Leben retten». So hat meine Großmutter gepredigt, wenn ich, einmal mehr von Brechdurchfall geplagt, diese für mich scheußliche Suppe hätte essen sollen. Reisschleim «mit ohne gar nichts», italienischen Reis mit Wasser und einer winzigen Prise Salz ganz weichgekocht und durch ein Haarsieb gestrichen, kann aber – bei halbstündlicher Einnahme eines Eßlöffels – wirkliche Wunder vollbringen. Auch Säuglinge dürfen, mit kleineren Mengen natürlich, damit behandelt werden.

Reisrezepte

Reissalat Tante Annie

Als Kind rümpfte ich die Nase, wenn ich salzige Speisen essen mußte, denen Früchte beigegeben waren. Mit einer Ausnahme: Tante Annies Reissalat. Der war ein absoluter Leckerbissen.

```
     6 dl  Wasser
     1 KL  Salz
     1 KL  Butter
            Saft und abgeriebene Schale einer
            Zitrone
    300 g  Reis einer Qualität, die sich für
            Trockenreis eignet
 2 Becher  Yoghurt
     3 EL  Soyasauce
            ev. etwas Salz, Cayennepfeffer
 1 kleine  Dose Erbsen, ganz fein, Saft zur
            Sauce geben
            2 Bananen, in Rädchen geschnitten
```

Das Wasser mit Salz und der Butter aufkochen, Saft und Schale der Zitrone beigeben, Reis ins sprudelnde Wasser schütten. Zudecken. Auf kleiner Flamme garen.
Das Yoghurt mit der Soyasauce und dem Erbsensaft verrühren, würzen, über den heißen Reis schütten, erkalten lassen, Erbsen und Bananen darunterziehen, servieren.

Rispor

Beim Namen fangen die Diskussionen schon an: «Rispor» oder «Rys und Bor» oder «Rys und Pohr» ... und weiter geht's mit der schwerwiegenden Frage, ob mit Mehlzugabe oder ohne, ob mit «Beveschweizi» – also gebratenen Zwiebeln – oder ohne, ob mit Sahnezugabe oder ohne ...

Eines ist sicher: fein schmecken tut dieses Gericht aus Lauch und Reis jedesmal. Bevor ich aber die Zutaten samt den diversen Varianten für «das einzig wahre und rächte Rispor» aufschreibe, eine Erklärung zum Namen. «Ris» ist das schweizerdeutsche Wort für «Reis» und «Pohr» oder «Por» oder «Bor» nennen die Urner das Lauchgemüse, das auf ihrem Boden besonders gut wächst. Mein lieber Freund Urs aus Andermatt hat ein winziges Gärtchen, in dem er nichts anderes zieht als Lauch. Aber was für Lauch! Und das «Rispor» daraus kocht er eigenhändig. Ihm zuzuschauen ist eine feierliche Angelegenheit, während der man höchstens an einem Glas Weißwein nippen darf. Weshalb die Urner den Lauch also «Por» nennen? Zwei, drei Wegstunden über den Gotthardpaß (oder heute eine knappe Viertelstunde durch den Tunnel) und die Urner sind im Tessin, wo man italienisch spricht und den Lauch Porro nennt. «Porro» – und da wird mir erst klar, daß ich vom «Lauch» schreibe, der in Deutschland «Porree» heißt. O heilige Vielfalt der Sprachen!

2 EL Butter
500 g Lauchstengel
7½ dl Hühnerbouillon
300 g italienischer Reis
  (Arborio oder Vialone)
  Salz, Pfeffer, Muskat
100 g Urner Bergkäse oder Sbrinz,
  fein gerieben
2 EL frische Butter

Zu den Varianten gehören:
1 Zwiebel, fein gehackt und/oder
2-3 Knoblauchzehen, gepreßt
1 KL Mehl
3 EL frische Butter
4 Zwiebeln, fein gehackt oder in Ringe geschnitten
1 dl Sahne

Den Lauch der Länge nach aufschneiden, in 1 cm breite Stückchen schneiden, gut waschen. Allein oder zusammen mit Zwiebel und Knoblauch in der Butter andünsten, eventuell mit dem Mehl bestäuben, die Bouillon beigeben. 5 Min. köcheln lassen. Den Reis beigeben, würzen, knappe 20 Min. köcheln. Den Käse und die Butter, ev. die Sahne, darunterziehen. 2 Min. zugedeckt stehen lassen.
Nach Belieben die zweite Zwiebelmenge in der Butter goldbraun rösten und zuletzt über das Gericht geben.

Risotto nero

Da war ich bei meinen Freunden Pablo und Teodora auf Ibiza im Urlaub. Am letzten Tag – es war Ende Oktober – durchstöberte ich die Küche, um aus eventuellen Speiseresten eine letzte Mahlzeit zusammenzubasteln. Es gab noch Reis, Olivenöl, Zwiebel, Knoblauch, ein paar Peperoni und Tomaten, Bouillonwürfel, eine angebrochene Flasche Weißwein, letzte Butterreste vom Frühstück und – in der hintersten Ecke des Kühlschrankes, eine Dose Tintenfische in der Tinte. Das war's – und ich begann mit meiner Kreation:

2 EL Olivenöl
1 große Zwiebel, fein gehackt
1 Knoblauchzehe, gepreßt
1 Peperoni, fein geschnitten
2 Tomaten, gewürfelt
300 g Arborio-Reis
2 dl herber Weißwein
1 Dose Tintenfische in der Tinte
Salz, Pfeffer
knapp 1 l Hühnerbouillon
2 EL frische Butter

Das Olivenöl heiß werden lassen, Zwiebel, Knoblauch, Peperoni und Tomaten andünsten, den Reis beigeben, einige Minuten mitdünsten, mit dem Wein ablöschen, diesen einkochen lassen, die Tintenfische beigeben, kellenweise Hühnerbrühe zufügen, rühren, würzen. Garzeit knappe 20 Min.

Die Butterflocken darübergeben, zugedeckt 2 Min. ruhen lassen. Grüner Salat dazu hätte die triste Farbe der Speise aufgehellt – aber den gab es nicht mehr.

Was dieses Rezept in einem «Großmutter-Rezeptbuch» zu tun hat?

Irgendwo im Süden Italiens habe ich in einem Ristorante praktisch genau denselben Risotto vorgesetzt bekommen, nur war er dort mit frischen Tintenfischen zubereitet worden. Der Wirt erzählte mir, er hätte das Rezept von seiner Großmutter.

Daß ich dieses Rezept hier aufführe, hat noch einen zweiten Grund: in zweien oder gar dreien meiner Bücher habe ich das Rezept für «Risotto milanese» schon aufgeführt – jene klassische Risottospeise, die man auch im Tessin am liebsten ißt.

Mich nochmals wiederholen will ich hier nicht. Aber in ein Reis-Kapitel würde jenes Rezept unbedingt gehören. Nun, wenn Sie die vorstehend aufgeführten Peperoni, Tomaten und Tintenfische weglassen, dafür aber ein Briefchen Safran und 100 g geriebenen Parmesankäse (letzteren nach der Kochzeit von 18 Min. mit der Butter unter die Speise mischen) einsetzen, dann haben sie es trotzdem. Guten Appetit beim schwarzen und gelben Risotto!

Man ist, was man ißt

«Am 20. Februar ist bei uns Metzgede», sagte Franz Keller, «wenn du willst, bist du herzlich eingeladen».
«Richtig Metzgede, so wie früher?», fragte ich.
«Natürlich», sagte Franz, «mit Metzelsupp, mit Kesselfleisch, mit Blut- und Leberwürst und natürlich Sauerkraut und Kartoffelbrei.»
«Aber das schmeckt doch nicht mehr wie früher», sagte ich.
«Natürlich schmeckt es wie früher», sagte Franz, «meinst du, ich schlacht so ein armes Viech, das mit Fischmehl und Schlachthofabfällen aufgezogen worden ist! Wenn schon Metzgede nach Großmutters Art, dann muß auch das Schwein nach Großmutters Art aufgezogen worden sein.»
«Mit gekochten Kartoffeln und Milch?», fragte ich ungläubig.
«Ja», sagte Franz.
Ich hatte ja schon nicht mehr geglaubt, daß ich noch einmal in meinem Leben Schweinefleisch zu essen bekäme, das wie Schweinefleisch schmeckt und nicht diesen abscheulichen Nachgeschmack hat, der mich am Schweinefleisch so schrecklich ärgert. Ich habe es schon aufgegeben, Schweinefleisch zu essen. Schweine gehören zu den ärmsten Kreaturen dieser Welt (zusammen mit den Käfighühnern und den Kühen, die nur noch zum Milchgeben da sind). Aber bei den Schweinen ist es noch viel schlimmer. Nicht nur, daß sie dieses Zeug fressen müssen, sie bekommen Chemikalien, damit sie möglichst schnell und billig schwer werden, haben Bandscheibenprobleme, weil man ihnen 4 zusätzliche Rippen hingezüchtet hat, und wir essen das dann.
Ich denk mir immer so, wenn das Fleisch der Schweine nach Fisch stinkt, dann geht doch dieses miserable Fleisch seinerseits wieder in meinen Körper über mitsamt den Hormonen und dem sonstigen Dreck, was die Tiere so bekommen.
Wenn man Steaks ißt, um die Kraft der Stiere zu gewinnen, was gewinnt man dann, wenn man von diesen Schweinen ißt?
Und ich habe den Verdacht, daß viele unserer Krankheiten daher kommen, daß wir das Fleisch von mit Abfall gefütterten Schweinen, die Eier von Hühnern, die ähnliches Zeug bekommen, die Milch von Kühen, die nicht mehr auf die Weide dürfen, und das Fleisch von Kälbern, die mit Hormonen großgespritzt werden, essen. Vom Gemüse aus Chemie ganz zu schweigen.
Aber am schlimmsten ist es beim Schweinefleisch, weil man es dort riecht und schmeckt.
In den andalusischen Bergen gab es in einer Finca, einem der großen Bauerngüter Schweineschinken. So etwas hatte ich noch nie in meinem Leben vorher gegessen. «Schauen Sie, an dem Schinken sind die Füße noch dran und diese Füße sind schwarz», sagte mein Begleiter. Er lebt seit vielen Jahren in Spanien und ist in den Bergen daheim. «Wissen Sie, was das bedeutet, schwarze Füße?» fragte er weiter, als er mein verständnisloses Gesicht sah. «Das bedeutet, daß dieses Schwein mit Eicheln gemästet wurde.» Und da fiel es mir wieder ein, daß es so etwas bei uns auch einmal gegeben hat. Aber nur noch im Märchen ist vom Schweinehirt die Rede, und der Schweinehirt und die

Prinzessin erscheinen einem als der größte denkbare Gegensatz. Daß aber dieser Schweinehirt früher einmal eine Wirklichkeit in den Dörfern war und er die Schweine des Dorfes in die Eichenwälder trieb, das ist natürlich vergessen. Immerhin, bei meinem Onkel Karl haben die Schweine wenigstens noch einen Auslauf gehabt, durften sich im Freien bewegen, in der Sonne, durften wühlen, durften sich im Schlamm wälzen, aber das alles darf ja so ein modernes Schwein nicht mehr. Das darf sich noch nicht einmal bewegen, weil es sonst einen Herzinfarkt bekommt (das ist ganz ernst gemeint).

Auf jedem Schweinetransport auf dem Lastwagen oder mit der Eisenbahn sterben Schweine vor Aufregung. Das ist kein Wunder, denn Schweine gelten bei den Verhaltensforschern als sehr intelligent. Darum gibt es auch in manchem Zirkus dressierte Schweine, die vielerlei Kunststücke können.

Geza von Rezzori erzählt in seinen Makribinischen Geschichten von einem «Kunstschwein», das bis 20 zählen konnte, 52 Karten unterscheiden und auf einem Fuß einen Handstand machen konnte. Ein furchtbar reicher Mann bot dem Besitzer des «Kunstschweines» ein Vermögen für das Tier. Und als er es dann hatte, ließ er sich einen Schweinebraten daraus machen. Ich finde diese Geschichte charakteristisch für das Verhältnis zwischen Menschen und Schwein. Es ist auch typisch, daß der Mensch das Schwein unter elenden Umständen leben läßt und daß er dann dieses Tier verachtet, obwohl an dem Schwein nichts Verachtenswertes ist. Es wälzt sich im Schlamm, weil es das zur Hautpflege braucht. Es frißt alles mögliche, weil das, was seine eigentliche Nahrung ist, Wurzeln und Knollen, von uns dem Tier vorenthalten wird. Eingesperrt im Stall bleibt ihm keine andere Tätigkeit als das Fressen. Und so gilt es uns als das Symbol der Gier. Hexen reiten auf dem Schwein. Die Hure Babylon der geheimen Offenbarung. In der christlichen Kunst ist es das Symbol des befleckten Sünders und die Verkörperung des Bösen. Andererseits aber hat gerade das Schwein einen eigenen Patron, nämlich den heiligen Antonius.

Weil das Schwein in Dreck und Mist wühlt, gilt es für das Judentum und den Islam als unreines Tier, dessen Fleisch nicht gegessen werden darf.

Christus hat die bösen Geister in Schweine gebannt, und von ihm stammt das Wort von den Perlen, die man nicht den Säuen vorwirft.

Früher konnte man gelegentlich auf dem Dorf einen Bauern beobachten, der ein Schwein über die Straße trieb. Das Schwein hatte ein Seil um einen Hinterfuß, das der Bauer festhielt, damit es nicht entlaufen konnte. Mit einem Stock wurde es in die richtige Richtung gelenkt. Es war ein Schwein auf dem Weg zum Eber. Wie die meisten Tiere, sind auch die Schweine nur zu gewissen Tagen des Jahres empfängnisbereit.

Schweine tragen 116 Tage und bringen dann zwischen 6 und 20 Ferkel auf die Welt. In der Regel sind es 10 Stück.

Manchmal hört man, daß Schweine ihre Ferkel auffressen. Das tun sie aber nur dort, wo sie zu einer völlig unnatürlichen Lebensweise gezwungen sind. Wenn sie können, machen die Sauen ein Nest aus Stroh, in dem sie ihre Jungen zur Welt bringen. Wie überhaupt die Schweine in ihrem Stall, wenn sie genügend Platz haben, durchaus keine «Schweine» sind. Man kann z.B. den Platz bezeichnen, wo sie sich entleeren können, dadurch, daß man warmes Abwaschwasser in eine Ecke gießt, wenn Schweine in einen neuen Stall kommen.

Kleine Schweinchen sind wie alle Tierkinder etwas, was uns auf merkwürdige Weise anspricht. Die Verhaltenspsychologie spricht vom sogenannten Kindchenschema, das Menschen- und Tierkinder in ihren Gesichtern gemeinsam haben: runde Gesichter, vorgewölbte Stirn, Stupsnasen. Ihr Anblick ruft automatisch in der Tiefe unserer Seele Schutzinstinkte wach. Wir möchten diese Babys liebhaben, beschützen, und es braucht schon ein gehöriges Maß an Abgebrühtheit, um Ferkel oder Lämmchen oder Geißlein oder Kälbchen zu schlachten.

Wenn man so eine Muttersau sieht mit ihren Ferkeln, dann begreift man plötzlich, warum das Schwein auch als Glücksbringer gilt und als Symbol der Fruchtbarkeit. Und da enthüllt sich ein ganz schönes Stück Widersprüchlichkeit unserer Kultur. Auf der einen Seite wird das Schwein verachtet wegen seiner «Gier», und diese Gier gilt dann immer auch als sexuelle Gier, und auf der anderen Seite gilt es wegen seiner Fruchtbarkeit als Glücksbringer.

Bei den Eingeborenen in Neuguinea, mein Freund Eugen hat bei ihnen ein Vierteljahr gelebt (war in dem Dorf der erste Weiße), ist das Schwein das wichtigste Haustier. In den Dörfern leben Männer und Frauen in getrennten Häusern. In den Frauenhäusern leben auch die Schweine. Die Schweine werden behandelt wie die eigenen Kinder. Sie werden in einem Netz auf dem Rücken mitgetragen, wenn die Frauen zur Arbeit in den Garten gehen. Stillende Frauen geben auch den kleinen Schweinchen die Brust. Nach dem Glauben der Eingeborenen auf Neuguinea stammen die Menschen von einem Urschwein ab. Wenn die Schweine geschlachtet werden, so werden sie grundsätzlich mit einem Pfeil erschossen, damit der Mensch keine «Hand» an sie legt. Das geht so, daß zwei Männer ein Schwein festhalten und ein Dritter schießt. Dazu gibt es einen eigenen «Schweinepfeil», der mit einer haarscharfen Bambusklinge ausgestattet ist.

Schlachtfest heißt das bei uns. Es findet im Herbst statt, wenn die Arbeit auf den Äckern getan ist, wenn es auf Weihnachten zugeht. Es ist früh am Morgen. Der Metzger kommt auf den Hof. Trinkt eine Tasse Kaffee und einen Kirsch, weil es draußen ja kalt ist. Dann gehen die Männer zum Schweinestall. Das Tier weiß, was es erwartet. Es schreit. Es wird hinausgetrieben auf den Hof. Einer verdreht ihm den Schwanz, damit es läuft. Ein anderer zieht an den Ohren. Dann kommt der Metzger mit dem Schußapparat. Er führt eine Patrone ein, setzt den Apparat dem Schwein auf die Stirn, drückt ab. Der Bolzen wird durch die Explosion der Patrone in den Schädel des Schweins getrieben. Es fällt um und ist tot. Es wird an den Hinterfüßen an einer Leiter aufgehängt. Der Metzger durchschneidet ihm die Halsschlagader, das Blut läuft in einen Eimer, das Schwein bewegt nochmal die Vorderfüße, Reflexe. Jemand muß das Blut rühren, damit es nicht gerinnt. Blutwurst wird daraus gemacht. Dann kommt das Schwein in einen Bottich, wird mit kochendem Wasser übergossen und geschabt, die Borsten werden entfernt. Die Hornteile der Füße werden heruntergerissen, dann wird das Tier wieder aufgehängt, aufgeschnitten, die Eingeweide kommen heraus, es wird zerlegt, die Seiten, der Schinken, das Schäufele werden gerichtet zum Pökeln, zum Räuchern. Zum Mittagessen gibt es gekochtes Bauchfleisch und frische Blut- und Leberwürste. Zum Vesper hat der Metzger ein saures Leberle gegessen, das war sein Recht. Die Frauen haben sich versteckt, bis das blutige Handwerk getan war.

Auf Weihnachten gab es Schäufele oder Schinken geräuchert und an Ostern auch und an den Festtagen, und zum Vesper gab es zum Bauernbrot den fetten Speck. Meine Vettern litten immer unter Abszessen. Meine Mutter sagte: «Das kommt davon, weil sie nie was anderes essen als den fetten Speck».

Kaum ein anderes Tier ist mit unserem bäuerlichen Alltag so sehr verbunden gewesen wie das Schwein. Es hatte im Bauernhof die Aufgabe des Fleischlieferanten. Das Kalb wurde verkauft, die Kuh auch, aber das Schwein, das lieferte das Fleisch für den Alltag und für das Fest.

Aber zurück zu Franz Keller und seiner Metzgede. Es hat wirklich geschmeckt wie damals beim Onkel Karl. Vielleicht war das Kesselfleisch nicht ganz so fett, aber schließlich werden heute Schweinerassen gezüchtet, die eben keinen fetten Speck mehr bringen. Aber das Schönste bei der Metzgede von Franz war die Blutwurst. Kein bißchen fetter Speck drin wie sonst üblicherweise in der Blutwurst. Wenn man sie geschnitten hat, sie war im Dickdarm!, dann war die Schnittfläche glatt und fest und dunkel wie Schokoladenpudding. Feingehackte Zwiebelchen glänzten darin. Und doch, ich hab mich wieder einmal gefragt, ob es denn sein muß, daß wir so viel Fleisch essen und daß, damit wir so viel Fleisch essen können, Quantität vor Qualität geht.

Wäre es nicht viel besser, wir würden nur zwei- oder dreimal in der Woche Fleisch essen, dafür Fleisch von «glücklichen Tieren», die «menschenwürdig» gefüttert werden und leben können. Natürlich wäre dieses Fleisch teurer. Aber es wäre halt auch gesünder, dafür weniger Fleisch zu essen und noch gesünderes Fleisch. Es wäre auch eine wirtschaftliche Lösung für den Schweineberg, der in der EG ständig politische Sorgen macht. Und eine Möglichkeit für unsere Bauern. Aber dazu müßten Eßgewohnheiten geändert werden. Übrigens auch was die Wurst betrifft. Aber das ist ein anderes Thema.

Die Großmutter wußte...

— Das beste Fleisch liefern seit jeher Schweine, die während des Sommers auf der Alp gehalten werden. Sie bekommen Ziegen- und Kuhmilchmolke, werden im Freien mit genügend Lebensraum gehalten und können sich zudem mit Gras und Wurzeln ernähren.

— Solches Fleisch fällt beim Kochen oder Braten nicht zusammen, schmeckt auch aromatisch – möglicherweise mundet es uns auch besser, weil wir wissen, daß es von einem Tier stammt, das seiner Art gerecht leben konnte.

— Wir kaufen im Herbst, direkt vom Senn, zusammen mit Freunden ein ganzes solches Tier, lassen es schlachten und teilen es hälftig. Unser Metzger macht Würste davon, Coppa (luftgetrocknetes Halsstück), der Schinken wird ebenfalls luftgetrocknet, der Speck teilweise gesalzen, teilweise geräuchert. Die übrigen Stücke werden tiefgekühlt.

— Fleisch von jungen Schweinen ist hellfarbig, zartfasrig. In Großmutters Kochbüchern steht, es sei am «besten von einjährigen, gut gemästeten Tieren». Und da kommt einmal mehr die Erkenntnis, daß gut Ding Weile haben muß. Fleisch von auf Magerkeit gezüchteten, schnellwachsenden Schweinen kann niemals einen guten Braten geben!

— Großmutters Weisheit: Für saftige Braten und Koteletts Fleisch mit einer Fettschicht kaufen (beim Braten soll sogar die Schwarte dranbleiben).

— Und gleich noch ein Tip, der für jede Fleischart gilt: Fleisch *mit* Knochen wird noch aromatischer. Deshalb zum Beispiel auch einmal einen Braten aus einem Kotelettstück machen!

— Würste können hervorragend schmecken, auch wenn sie nur aus Schweinefleisch hergestellt werden. Ich denke da an die Salami und Salametti, die unser Metzger von den vorerwähnten Alpschweinen macht!

— Im übrigen werden aber Rind- und Schweinefleisch in unendlich vielen alten Wurstrezepten gemischt. Auch viele Hackfleischrezepte schreiben dies vor (siehe Ragù bolognese, Seite 137).

— Schweinefleisch konservieren: Wie leicht geht das heute mit dem Tiefkühlschrank. Wieviel mühsamer hatten es unsere Großmütter – aber wieviele Rezepte (und Genüsse!) gehen uns heute dadurch verloren. Ich denke da nicht nur ans Einpökeln und Räuchern. Mir kommt dabei auch eine französische Spezialität in den Sinn (und läßt mir gleichzeitig das Wasser im Munde zusammenlaufen): die Rillettes de porc (siehe Seite 123).

— Gepökeltes Fleisch soll höchstens vor dem Servieren nachgesalzen werden.

— Geräuchertes Schweinefleisch wird im allgemeinen vor dem eigentlichen Zubereiten pochiert (= in kochendem Wasser je nach Rezept einige Minuten belassen.)

— Fleisch darf man erst kurz vor dem Zubereiten salzen. Das Salz entzieht ihm Flüssigkeit. Es wird faserig und trocken. Kleine Fleischstücke salzt man erst während des Zubereitens.

— Schnitzel schneidet man am Rande ein. Dann bleiben sie während des Garens flach.

— Mit Knoblauch spicken sollte man nur Fleischstücke, die Knochen enthalten (z. B. das Kotelettstück). Man schneidet dem Knochen entlang eine Öffnung, in die man den Knoblauchstift stecken kann. Würde man den Muskel anschneiden, verlöre das Fleisch zuviel Saft.

— Zum Marinieren von Schweinefleisch eignet sich Senf ganz besonders.
— Beträufelt man Schweinefleisch während des Bratens mit Bier, so wird es besonders knusprig.
— Schweinsbrustspitz sollte bei keiner Grillparty fehlen.
— Majoran ist zu Schweinefleisch wohl das beliebteste Würzkraut.

Schweinefleisch und Gesundheit

Immer mehr hört man, daß Schweinefleisch ungesund sei. Versteht man darunter das Fleisch von Tieren, die in Großmästereien ohne frische Luft und mit ungenügender Bewegungsfreiheit gehalten, mit Schnellmastmitteln rasch auf ihr Schlachtgewicht gebracht und womöglich für den Transport zum Schlachthaus noch mit Antistreßmitteln behandelt worden sind, hat dieser Einwand gewiß seine Berechtigung. Auch die Verwendung von Schweinefett in der Küche ist im Vergleich zu Großmutters Zeiten ganz enorm zurückgegangen.

Wer Schweinefett zum Beispiel zur Herstellung von Ringelblumensalbe verwenden will, denke daran, sich Fett von gesund gehaltenen Schweinen zu besorgen. Notfalls ist es sicher besser, sich das Fett in der Apotheke zu holen. Jenes Fett wird geprüft, ob es keine der Gesundheit abträglichen Substanzen enthält.

Daß es im Schweinefleisch aber besonders viel der Vitamine B 1 und K hat, muß aber doch erwähnt werden. Ersteres ist jener Stoff, der auch in der äußeren Hülle des Reises steckt; Mangel daran kann Verdauungsstörungen, Müdigkeit und Depressionen erzeugen. Vitamin K steuert die normale Gerinnung des Blutes.

Rezepte mit Schweinefleisch

Rillettes de porc

Die hier angegebene Menge reicht für mindestens 8 Personen. Da es sich aber um eine Art Konservierungsrezept handelt, das zudem sehr lange Garzeiten hat, lohnt sich der Aufwand für kleinere Quantitäten kaum. Außerdem behauptet Eugénie, von der ich dieses Rezept habe, Rillettes könne man täglich essen. Bloß Vorsicht: Eugénies Kurven sind sehr rundlich, d.h. ihre Rillettes sehr kalorienreich!
Man ißt sie als Brotaufstrich, als Vorspeise oder (dann mit grünem Salat) als sommerliches Nachtessen.

1 kg Schweinebauch
2 EL Salz, Pfeffer
300 g frisches Schweinefett
3 Knoblauchzehen, gepreßt
je ½ TL Basilikum, Majoran, Salbei, Thymian, getrocknet.
2 Lorbeerblätter
ganz wenig Muskatnuß
2 EL herber Weißwein

Fleisch und Fett in Würfel schneiden, salzen, pfeffern, den Wein darüberträufeln, würzen, über Nacht in einer feuerfesten zugedeckten Schüssel stehen lassen, diese in den kalten Back-

ofen stellen, bei 150° 6 Stunden garen. Die heiße Masse durch ein Sieb gießen, um das Fett vom Fleisch zu trennen. Das Fleisch durch den Fleischwolf drehen, eventuell nachwürzen, in eine Schüssel mit Deckel geben. Ganz glatt streichen, es dürfen sich keine Luftblasen darin bilden. Mit einer etwa 1 cm dicken Fettschicht bedecken. Zugedeckt im Kühlschrank aufbewahren.

Leberknödel

500 g *Schweinsleber, gehackt*
2 EL *frische Butter*
2 *Zwiebeln, in Ringe geschnitten*
2 EL *Petersilie, fein gehackt*
2 *Eier, zerklopft*
200 g *Weißmehl*
2 dl *Milch*
Salz, Pfeffer
2 EL *frische Butter*
3 EL *Paniermehl*

Leber, Eier und Milch in eine Schüssel geben, miteinander verrühren, salzen, pfeffern. Die Butter zergehen lassen, Zwiebel und Petersilie darin dünsten, abkühlen lassen, zum Leberteig geben. Eßlöffelgroße Portionen abstechen, mit nassen Händen zu Kugeln formen, in kochendem Salzwasser ziehen lassen, bis sie an die Oberfläche steigen, in gut gewärmter Schüssel anrichten, zuletzt das in der Butter geröstete Paniermehl darübergeben. Heiß zu grünem Salat und Salzkartoffeln servieren.

Schweinebraten mit Milch

Die angegebene Menge reicht für 6 Personen. Kleinere Fleischstücke sollte man nicht nehmen, der Braten könnte sonst trocken werden.

1kg *magerer Schweinsbraten (Schulter, Nierstück)*

einige Knochenstücke
Salz, Pfeffer
2 EL eingesottene Butter
2 Knoblauchzehen, gepreßt
1 l Milch
5 frische oder 1 KL getrocknete Salbeiblätter
1 Zweig frischer oder 1 KL getrockneter Rosmarin

Die Butter schmelzen, den Knoblauch auf kleinem Feuer hellbraun anbraten. Das Fleisch salzen, pfeffern, mitsamt den Knochen beigeben, ringsum anbraten, die Kräuter und die Milch beigeben, zugedeckt auf kleinem Feuer 2 Std. köcheln. Das Fleisch herausnehmen, warmstellen, die Milch (die geronnen ist, aber das muß so sein), noch etwas einkochen lassen, abseihen, über das in Tranchen geschnittene Fleisch anrichten.

Schweinshaxen

2 große Schweinshaxen am Stück
Salz, Pfeffer
2 EL getrockneter Majoran
4 EL Mehl
3 EL eingesottene Butter
3 mittelgroße Zwiebeln, in grobe Ringe geschnitten
2 Lorbeerblätter, 2 Nelken
6 Karotten, geschält, in grobe Stücke geschnitten
1 dl Rotwein
3 dl Rinderbrühe

Die Haxen, am Stück gebraten, bleiben viel saftiger! Das Fleisch mit Salz, Pfeffer und Majoran würzen, im Mehl drehen, die Butter heiß werden lassen, das Fleisch darin ringsum anbraten. In eine Gußeisenpfanne mit Deckel geben. Im Fond die Zwiebeln und Karotten andämpfen, Lorbeer und Nelken dazugeben, mit dem Wein ablöschen, einige Minuten einkochen lassen. Die Rinderbrühe darunterrühren. Alles über die Haxen gießen, zudecken, im auf 220° vorgeheizten Ofen 1½ Std. schmoren lassen. Deckel entfernen, Backofen auf 250° schalten, das Fleisch noch ¼ Std. bräunen.

Süß-saures Schweinefleisch mit Stangensellerie

600 g Schweinefleisch vom Hals, in 1 cm breite Stücke geschnitten
600 g Stangensellerie, gewaschen, in feine Streifen geschnitten
6 EL Sojasauce
3 EL Sherry
1 EL Speisestärke
4 EL Erdnuß- oder Sonnenblumenöl
3 dl Hühnerbouillon

Sojasauce, Sherry und die Speisestärke miteinander verrühren. Das Fleisch damit ½ Std. marinieren. 2 EL Öl heiß werden lassen, den Sellerie ca. 5 Min. auf kleinster Flamme dünsten, warmstellen. Weiteres Öl in die Pfanne geben, das Fleisch darin 10 Min. dünsten, den Sellerie, die übrigen Zutaten dazugeben, zugedeckt 10 Min. köcheln.

Schweinsschnitzel mit Äpfeln

```
      4   Äpfel, am besten Boskop, geschält,
          Kerngehäuse herausgeschnitten,
          in Scheiben geschnitten
          Saft und abgeriebene Schale einer
          halben Zitrone
      4   Schweinsschnitzel à 120 g
          Salz, Pfeffer
   2 EL   Mehl
   1 EL   Butter, eingesotten
   4 EL   herber Weißwein
   1 EL   gehackte Petersilie
      1   Zitrone, in Schnitze geschnitten
```

Die Äpfel mit dem Zitronensaft beträufeln, beiseite stellen. Das Fleisch würzen, im Mehl wenden. Die Butter schmelzen, die Schnitzel goldbraun braten, warmstellen. Die Apfelstückchen im Bratenfond andünsten, die Zitronenschale und den Weißwein zugeben, dünsten, bis die Äpfel weich sind, über die Schnitzel anrichten, mit Petersilie bestreuen, Zitronenschnitze dazu servieren.

Toskanische Leberröllchen

```
     800 g   Schweineleber, in 12 Stücke
             geschnitten
         1   Schweinsnetz, 1 Std. in lauwarmem
             Wasser eingeweicht
         2   Knoblauchzehen, gepreßt
    ½ KL     Salz, Pfeffer
      1 EL   Fenchelsamen
 12 Stücke   Bauernbrot, 4 × 4 cm, ohne Rinde
         6   Lorbeerblätter
         4   Holzspieße
      2 dl   Olivenöl
```

Man mischt Knoblauch, Salz, Pfeffer und Fenchelsamen, dreht die Leberstücke darin, packt sie in die Schweinsnetzstücke ein, spießt sie abwechslungsweise mit dem Brot und den Lorbeerblättern auf die Holzspieße, gibt diese in eine Gußeisenpfanne, beträufelt mit dem Öl, gibt alles in den auf 150° vorgeheizten Backofen, läßt 30 Min. mehr ziehen als backen, indem man die Spieße von Zeit zu Zeit dreht.
Mit grünem Salat servieren.

Schweinsleberröllchen

```
    600 g   Schweineleber, geschnetzelt
     ½ l    Milch
            Frische Salbeiblätter
        1   Schweinsnetz oder 200 g gesalzenen
            Speck in Scheiben geschnitten
     2 EL   eingesottene Butter
            Salz, Pfeffer
```

Die Leber mit der kochenden Milch übergießen, abkühlen lassen. Das Schweinsnetz in 5 × 10 cm große Stücke schneiden, diese oder die Speckscheiben ausbreiten, auf jedes Stück ein Häufchen Leber und ein Salbeiblatt geben, zu einem Päckchen zusammenstecken, die Butter heiß werden lassen, die Päckchen darin braten. Falls das Schweinsnetz verwendet wurde, zuletzt salzen. Beim Speck entfällt dies.

Schinkenmousse

80 g	zimmerwarme frische Butter
200 g	Schinken gekocht, mit dem Wiegemesser ganz fein gehackt
100 g	Sahne, steif geschlagen
1 Schnapsgläslein	Cognac
1 EL	frische Butter
1 EL	Weißmehl
3 dl	Milch
	Salz, weißer Pfeffer
	Muskatnuß

Die Butter schaumig rühren, das Fleisch, die Sahne und den Cognac darunterziehen. Die zweite Buttermenge schmelzen, das Weißmehl beigeben, mit dem Schwingbesen zu einer homogenen Masse verrühren, vom Feuer nehmen, die Milch dem Pfannenrand entlang beigeben, 5 Min. köcheln, würzen, erkalten lassen, unter die Fleischmasse mengen, alles in eine Schüssel oder Kastenform geben, über Nacht kühlstellen, vor dem Servieren stürzen.
Toast, Butter und Blattsalat passen am besten dazu.

Was zu Feiertagen und Festen gehörte: Nudeln und Spätzle

Stand ein Feiertag, Weihnachten, Neujahr, Ostern bevor oder ein Familienfest, so warf es seine Schatten in Gestalt von Nudelmachen voraus. Meine Mutter holte hinter dem Herd das Nudelbrett hervor, rieb es ab, bestäubte es mit Mehl, fuhr mehrere Male mit der flachen Hand darüber und machte dann in die Mitte des Nudelbretts einen Berg aus weißem Mehl. Er bekam eine Vertiefung, die mich stets an einen Vulkan erinnerte. Mein Vater hatte mir nämlich eines Tages anhand eines Vesuvbildes erklärt, das sei ein Vulkan, und ein Vulkan sei ein feuerspeiender Berg. Zurück zur Nudelherstellung. In den «feuerspeienden Berg» also wurden Eier hineingegeben, die Mutter am Rand einer Kaffeetasse aufgeschlagen hatte, zuerst in die Tasse gab und zwar Stück für Stück, um sich durch Riechen von der Frische des Eies zu überzeugen. Zu den Eiern kam etwas Salz. Dann begann Mutter mit den Fingern die Eier umzurühren und mit dem Mehl zu vermischen bis sie schließlich einen Teig hatte, der nun auf dem Nudelbrett gehörig geknetet wurde. Mit dieser Tätigkeit wurde ich schon in früher Jugend betraut. War die Sache genügend geknetet, übernahm Mutter wieder das Kommando, obwohl jetzt etwas kam, was ich liebend gerne gemacht hätte. Mutter nahm ein ganz spezielles Nudelholz aus dem Küchenschrank, das sich von einem Wallholz dadurch unterschied, daß es nichts anderes als ein abgesägter Besenstiel zu sein schien. Sie mehlte das Nudelbrett zuerst wieder gehörig ein, dann riß sie ein Stück Teig ab, legte den Rest Teig in eine Schüssel und drückte mit der Hand die Teigmenge, die etwa die Größe einer Männerfaust hatte, flach. Sie zog und drückte und wendete, streute Mehl darüber und begann schließlich mit dem Nudelholz die Sache immer dünner zu machen, bis schließlich ein «Teigplätz» entstanden war. Mutter sagte: «Er muß so dünn sein, daß man die Zeitung darunter lesen kann». Ich habe es einmal probiert, es ging tatsächlich. Diesen Teigplätz puderte Mutter noch einmal mit Mehl ein auf beiden Seiten, entfernte mit der Hand das überschüssige Mehl und wickelte ihn locker um das Nudelholz. Damit begab sie sich ins Schlafzimmer, wo sie über die dicken Plumeaus, unter denen man damals noch schlief, ein sauberes weißes Tischtuch gebreitet hatte. Auf dieses Tischtuch kamen nun die Plätze. Bei einem normalen Weihnachtsfest genügte Mutters Bett. Bei einer Hochzeit, einer Erstkommunion oder einer Taufe war auch das Plumeau des väterlichen Bettes mit Nudelplätzen bedeckt und schließlich auch mein eigenes. Nach zwei bis drei Stunden wurden sie wieder in die Küche geholt, vorsichtig, damit sie nicht brachen, denn sie waren jetzt etwas angetrocknet, und Mutter schnitt sie auf dem Nudelbrett in Nudelform, dazu rollte sie den Plätz zunächst zusammen, so daß sie mit einem Schnitt bis zu 25 cm lange Nudeln erhielt, je nachdem, ob der Schnitt am Anfang oder in der Mitte der Rolle gemacht wurde. Auch diese Tätigkeit wurde mir von Mutter verweigert, weil sie um die gleichmäßige Breite ihrer Nudeln fürchtete. Was ich wieder tun durfte, das war, zum Schluß diese Nudellocken vorsichtig und locker aufzuzupfen, so daß sie auf dem Nudelbrett dem festtäglichen Essen entgegen trocknen konnten. Bei besonderen Anlässen, also vor allem bei den genannten Familienfesten, wurde aus mindestens einem Plätz eine ganz dünne Nudelart gemacht. Das sei die höchste Kunst, sagte Mutter: «Suppennudeln». Außer der Breite des Schnittes wurden sie genauso behandelt wie die anderen

auch. Nun werden Sie sich fragen, wie es in einer Familie, die aus Vater, Mutter und Striezi – nämlich mir – bestand, so viele Familienfeste gegeben hat. Das hatte seinen Grund erstens in der großen Zahl von Geschwistern meiner Mutter, zweitens in der großen Zahl von Kindern dieser Geschwister, drittens in der Tatsache, daß meine Mutter zwar keinesfalls die Jüngste ihrer Geschwister war, wohl aber ich der Jüngste der ganzen Generation. Infolgedessen kam nun für Cousinen und Vettern, es sind gegen zwanzig, umschichtig die Zeit der Heirat; während die ersten schon Kinder bekamen, heirateten die nächsten, und während sie heirateten, bekamen andere schon wieder Kinder, und die Kinder der ersten kamen zur Erstkommunion. Dazwischen starb ein Onkel oder eine Tante, was in einer anständigen Familie auch wieder ein Anlaß zu einem Fest ist. Ich fürchte, diese schöne Freude der Familienfeste kennt in unserer Zeit kaum noch einer, weil es ja keine Kinder mehr gibt, weil die Familien in einzelne Paare atomisiert sind und weil in den Wohnblöcken unserer Großstädte das Bewußtsein für die Zusammengehörigkeit in Großfamilie und Sippe verkümmert.
Im Urlaub, in Griechenland, in der Türkei, in Süditalien stehen wir dann staunend vor den gewaltigen Familienfesten. Auf Kreta habe ich einmal eine Hochzeit mit 2000 Gästen erlebt. Das war ein ganzer Dorfplatz voller Leute und ein Lyraspieler und ein Lautenspieler spielten zum Tanz, sehr laut, denn sie hatten eine elektronische Verstärkungsanlage, und diesen technischen Fortschritt zeigten sie auch.
Zurück zur Nudelfabrikation meiner Mutter. Sie war eine exzellente Köchin, und deswegen mußte sie auf allen Familienfesten kochen. Gott sei Dank, denn so war ich auch bei all diesen Festen dabei – nur unter väterlicher Aufsicht, und mein Vater war ein sehr toleranter Mann.
Die Folge war, daß jedes der Feste, die im heimatlichen Hexental, wo meine Mutter herstammt, stattfanden, ein böses Ende nahm. Entweder war es mir schon nach der Linzertorte schlecht; Sie erinnern sich, Linzertorte und Kaffee beschließen im Schwarzwald die ausgedehnte Speisefolge am Nachmittag, um dann nach einem kleinen Spaziergang zum abendlichen Vesper überzuleiten. Ich hielt mich dann nur noch aufrecht in Gedanken daran, daß, wenn ich etwas sagen würde, fünf besorgte Tanten den Jüngsten in irgendein Bett irgendeiner Cousine oder eines Vetters legen würden, und diese Betten dufteten alle miteinander so, wie halt früher Betten auf dem Land dufteten, zumindest im Schwarzwald: Kuhstall. So hielt ich denn durch, kotzte im Verborgenen, was aber schlimmer war, wenn es mich auf der Heimfahrt im Postbus irgendwo zwischen Wittnau und Sölden erwischte. Die Straße war damals noch kurvenreich, es gab viele Schlaglöcher, und ein Postbus war damals auch noch nicht das, was er heute ist. Eigentlich wurde es mir immer schlecht im Bus, aber halt vor allem dann, wenn es auch etwas zum Von-mir-geben gab. Welch ein Glück, wenn es dann meinem Vater noch gelang, den Busfahrer zum außerplanmäßigen Anhalten zu bringen.
Aber wir sind schon wieder von der Nudel abgekommen. Wenn ich es mir recht überlege, gab es wirklich daheim nur bei den genannten Anlässen Nudeln. An normalen Tagen, auch Sonntagen fanden die Teigwaren in Gestalt von Spätzle statt. Das ist ja das Besondere der Schwarzwälder. Sie essen sowohl Kartoffeln als auch Spätzle. Das unterscheidet uns von den Schwaben, wobei ich selbstverständlich weiß, daß auch ein Schwabe zu den Spätzle seinen Kartoffelsalat liebt. Aber wie gesagt, Spätzle waren die Teigwaren für den Alltag.
Die Nudeln müssen in unseren Gegenden erst spät aufgekommen sein. Aus der Tatsache, daß sie nur Festtagsessen waren, schließe ich das. Es gibt noch einen Anhaltspunkt. Im Handbuch des

deutschen Aberglaubens kommen die Nudeln nur in Form von Dampfnudeln vor, das heißt überhaupt nicht, denn Dampfnudeln sind ja überhaupt keine Nudeln. Es ist etwas schwierig, nach der Herkunft der Nudel zu fragen. Ich nehme an, sie kam erst im 19. Jahrhundert in den Schwarzwald, und zwar aus der Stadt wie noch eine ganze Reihe von Gerichten. Vielleicht war es auch der Österreichische Einfluß, schließlich waren Freiburg und der Schwarzwald ja ein Teil von Vorderösterreich bis 1806, und die Erinnerung daran ist im Speisezettel z. B. gewisser Freiburger Gastwirtschaften durchaus noch lebendig. Aber wo kamen die Nudeln überhaupt her? Natürlich ist man geneigt, die berühmten Römer zu bemühen. Aber die kannten sie nun wirklich noch nicht. Manche sagen, Marco Polo, der Venezianer, der im 13. Jh. als erster Europäer unter vielen Mühen und gewaltigen Abenteuern nach China reiste, habe dort auch die Herstellung von Nudeln kennengelernt und habe dieses Wissen mit nach Italien gebracht. Das mag in der Tat so sein, denn die Chinesen, uraltes Kulturvolk, kennen die Herstellung von Nudeln seit undenklicher Zeit. Irgendwo habe ich gelesen, daß die Kunst des Nudelmachens in China erstaunliche Formen hat. So wird eine Art von Spaghetti, zu deren Herstellung wir eine Maschine brauchen, dort von Hand hergestellt. Der Nudelmacher soll den Teig zusammen mit einem Gehilfen von Hand zu meterlangen Strängen auseinanderziehen, wobei diese Stränge geschwungen werden. Die so erzielte Nudel wird auf die Hand aufgewickelt zu großen Knäueln. Wenn man chinesische Glasnudeln kauft – essen Sie auch so gerne chinesische Hühnersuppe mit Morcheln und Glasnudeln? – dann sieht man diese Fadennudelknäuel.
Salcia Landmann, die Autorin gescheiter und unterhaltsamer Bücher über die jüdische Küche, der ich viele Rezepte von Lieblingsgerichten verdanke, widerspricht der Auffassung von der Brückenfunktion des Marco Polo. Sie behauptet, die Chasaren hätten bereits Hunderte von Jahren vor Marco Polo die Nudel nach Europa gebracht. Und das kam so: die Chasaren waren ein Reitervolk in Mittelrußland, die aber durchaus Kontakt nach Osten bis nach China hatten. Sie beschlossen eines Tages, endlich eine vernünftige Religion anzunehmen. Offensichtlich genügte ihnen ihr altertümliches Heidentum nicht mehr. Sie prüften Christentum, Islam und Judentum und entschieden sich, Juden zu werden. Das war im 8. Jh., also erheblich früher als Marco Polo. Wenn es stimmt, daß sie von den Chinesen das Nudelmachen gelernt haben, dann kann man leicht glauben, daß die Nudeln als Gericht über jüdische Händler nach Europa kamen. Im 8. Jh. hatten die Juden in den islamischen Reichen Spaniens eine gute Zeit, vielleicht eine der wenigen guten Zeiten, die ihnen überhaupt in den letzten 2000 Jahren in Europa vergönnt waren. Jüdische Händler, Wissenschaftler, Gelehrte kamen auf den Straßen und Seewegen der islamischen Herrschaftsbereiche nach dem Osten – schließlich gab es am Südrand des Mittelmeers von Spanien bis nach Anatolien islamische Emirate – und brachten die Erfindung der Nudel nach Cordoba, Toledo und Sevilla. Und von dort nahm sie ihren Siegeszug zunächst nach Italien und dann wohl auch in Richtung Norden. Bei den komplizierten Speiserichtlinien der Juden war sie eine Ergänzung des Speisezettels, die wie gerufen kam.
Aber wie ist es eigentlich mit den Spätzle? Nun wird jede Schwäbin und jeder Schwabe sofort rufen: die sind der Beitrag der Schwaben zur Weltkultur. Als Badener, der allerdings Spätzle liebt, steht man dem etwas skeptisch gegenüber. Ich habe einmal diese Geschichte gehört, die Sie aber bitte nicht ernst nehmen:
Es war einmal ein römischer Soldat, der hinter dem Limes stand im damaligen Zehntland, so hieß das Land, das die Römer besetzt hatten, das Baden und Südwürttemberg umfaßte und dessen

Grenze gegen die Germanen auf einer Linie Mainz, Ulm durch eben den Grenzwall, den Limes, gekennzeichnet war. Also unser römischer Soldat, der stand in irgendeiner Garnison, vielleicht in Bad Cannstatt. Nun konnte man aus dem Zehntland nur mit größeren Schwierigkeiten nach Rom reisen. Der Flugplatz Echterdingen bestand noch nicht, und es gab auch noch keine IC-Verbindung von Stuttgart nach Rom. Was es gab, das waren die berühmten Römerstraßen, und die mußte man als einfacher Soldat zu Fuß gehen, und wenn ich einmal roh schätze, so war es aus der Gegend von Stuttgart nach Mittelitalien schon ein Weg, für den man einen Monat im Minimum ansetzen mußte. Also mit Wochenendurlaub war da nix und wie lang der Jahresurlaub dauerte, das weiß ich nicht. Dauerte er einen Monat, so wäre unser Soldat gerade heimgekommen. Für den Rückweg oder gar einen heimatlichen Urlaub wäre keine Zeit übrig geblieben. Also verbrachte er vermutlich seine ganze Dienstzeit in Bad Cannstatt, und bis er pensioniert war, hatte er sich so sehr an den Trollinger gewöhnt, daß ihm jeglicher Chianti als Labberwasser vorkam, vom Geisburger Marsch und Maultaschen ganz abgesehen. Was ist schon ein Ravioli, wenn man eine geschmelzte schwäbische Maultasche haben kann? Also unser Soldat, den überkam eines Tages das unendliche Heimweh. Und über dieses Heimweh vermochte ihn noch nicht einmal sein schwäbisches Schätzle hinwegzutrösten. Und dieses Heimweh hatte eine konkrete Mitte: «Elsbethle», sprach er seufzend, «habeo nostalgiam magnam ad spaghettos».
«Wia moinsch, Markusle?»
«Isch große Sehnsucht haben nach Spaghetti.»
Ein paar Tage später kam eine Eselkarawane in Bad Cannstatt an, der es gelungen war, über die Alpen und durch das Gebiet der Helvetier zu kommen, ohne nennenswerte Verluste zu erleiden. Und diese Karawane hatte unter anderem weißes Mehl aus der Poebene dabei. So bekam jeder der Soldaten in der Garnison einen Helm voll Weißmehl. Das war eine Freude, denn im Schwabenland aß man damals nur Vollwertkost aus Hirse und Hafer, ähnlich wie heute. Er ging mit seinem kostbaren Weizenmehl zur Elsbeth, sagte ihr, sie möge einen Topf mit heißem Wasser machen und ihm 10 Eier geben. Aus dem Weißmehl und den Eiern machte er einen Teig, so wie er es seine Mutter immer hatte machen sehen. Wie aber nun aus diesem dünnflüssigen Teig Spaghetti gewinnen? Er hatte das lange überlegt. Er schmierte den Teig auf seinen Schild, trat an den Topf mit dem kochenden Wasser und schabte mit seinem Schwert von dem Teig spaghetti-ähnliche Teile und ließ sie ins Wasser fallen. Die Elsbeth nannte die neue Art von Lebensmittel Spätzle, weil ihr Markusle immer zu ihr sagte: «Du bischt moi Spätzle», wobei er mit Spätzle durchaus den «passer domesticus» meinte, zu deutsch den «gemeinen Hausspatz».
Nun ist man im Schwabenland der Meinung, so schrieb mir kürzlich ein Zuschauer, gerade umgekehrt sei es gewesen. Die Erfindung der Spaghetti gehe auf einen Schwaben zurück. Und zwar seien bekanntlich Schwaben eine der sparsamsten Menschenrassen überhaupt. Deshalb sei einer von ihnen auf die Idee gekommen, das, was man beim Makkaronimachen herausbohrt, nicht wegzuwerfen, sondern zu essen, eben die Spaghetti. Dieser Mann habe Paul Gettinger geheißen, man habe zunächst Spargettinger zu diesem neuen Produkt gesagt und aus Spargettinger sei dann im Italienischen Spaghetti geworden. Es läßt sich heute noch in meinem heimatlichen Murgtal nachweisen, daß die Leute, die sonst keinesfalls «r» sprechen können, im Falle von Spaghetti «Spaghetti» sagen. Das klingt dann so: «Kal wotsch moan zum Schwienes Nudle oda Sparghetti?» (Karl, möchtest du morgen zum Schweinebraten Nudeln oder Spaghetti?)

Aber ich wollte ja von den Spätzle erzählen und von der Kunst, sie herzustellen. Die höchste Kunst des Spätzleschabens sind ganz gleichmäßig dünne Spätzle. Wenn mein Freund Eugen Spätzle macht, dann schabt er sie vom Rand der Teigschüssel. Die werden wunderbar gleichmäßig. Meine Mutter hat auch gleichmäßige machen können. Aber ehrlich gestanden, ich habs ganz gern, wenn die Spätzle nicht so gleichmäßig dünn sind, sondern wenn gelegentlich ein dickeres dazwischen ist, damit man etwas zum Beißen hat.

Auf dem Speisezettel meiner Mutter spielten die Spätzle eine große Rolle. Ich sagte es schon, wir Badener lieben die Kartoffeln *und* die Spätzle. Etwas, was für mich unvergeßlich ist und was ich nie wieder zu essen bekommen habe, war folgendes: Meine Mutter machte Bratkartoffeln. Sie machte hinreißende, goldbraune, knusprige Bratkartoffeln. Die kamen auf eine Platte, und über die Bratkartoffeln kamen die von Mutter hergestellten und geschmelzten Spätzle. Wenn man von der Platte nahm, dann mußte man Spätzle und Bratkartoffeln nehmen. Dazu gab es entweder grünen Salat oder Sauerkraut. Kein Fleisch. Unter der Woche gab es nie Fleisch. Wozu auch? Diese Kombination von Spätzle, Bratkartoffeln und Sauerkraut hat so unendlich fein geschmeckt. Vielleicht ist es nur die Erinnerung, die nostalgische Erinnerung an daheim, an meine Mutter, aber das glaub ich nicht. Ich glaube, so etwas Einfaches schmeckt gut auch ohne Fleisch. Übrigens, wenn man Spätzle mit nichts anderem macht als mit Mehl, Eiern und Salz, dann enthalten sie genügend Proteine, so daß ernährungswissenschaftlich überhaupt kein Fleisch oder sonst etwas erforderlich ist. Aber ich möchte nicht ausschließen, daß halt zum Beispiel ein Rehrücken mit Spätzle hervorragend schmeckt.

Man kann das Kapitel über die Teigwaren nicht abschließen, ohne wenigstens ein Wort über Hörnle, Muscheln, Makkaroni, Cannelloni zu sagen. Für mich ist es immer wieder unbegreiflich, wie und warum Nudelhersteller auf die ungewöhnlichen Nudelformen kommen. Aber es sind eben nicht nur die Formen. Der gleiche Nudelteig schmeckt anders, wenn es sich um Spaghetti oder Makkaroni handelt, um Hörnle oder Muscheln. Ein Sauerbraten braucht Makkaroni, ein Schweinebraten Hörnle, ein Nudelsalat muß aus Hörnle gemacht werden und zu Muscheln gehört Dörrobst. Aber wahrscheinlich sind diese Assoziationen bei jedem anders, bedingt durch die Erinnerung an die Kochgewohnheiten der Mutter. Längst esse ich keine Nudeln mehr: Kalorien oder Joule, wie das heute heißt. Nur ganz gelegentlich. Dann müssen es Spaghetti sein mit Tomatensoße und gehörig geriebenem Käse darüber. So hat jeder Mensch seine Versuchungen.

Die Großmutter wußte ...

Teigwaren müssen in viel Salzwasser gargekocht werden. Wer sicher sein will, daß sie nicht zusammenkleben, rechnet die zehnfache Wassermenge, also 5 lt Wasser auf 500 g Teigwaren. Das Teigwarenwasser soll schwach gesalzen sein, d. h. ein Eßlöffel Salz auf 5 l Wasser.
Ebenfalls um das Zusammenkleben zu vermeiden, gibt man auf 5 l Wasser 2 EL Sonnenblumen- oder Olivenöl.
Die meisten Spaghettirezepte schmecken am «italienischsten», wenn man Hartweizengrieß-Spaghetti und nicht Eier-Spaghetti verwendet. Sie haben zudem den Vorteil, daß sie die billigsten sind.
Dafür schmecken solche Teigwaren noch besser, wenn man über die angerichtete Speise noch Flöckchen von frischer Butter gibt.
Pro Person rechnet man im Schnitt mit 80 g Teigwaren.
Sind die Teigwaren ins Wasser gegeben, stellt man die Flamme klein und läßt sie im ungedeckten Kochtopf weichgaren.
Die Kochzeit der Teigwaren richtet sich nach deren Dicke. Die feinsten Teigwaren können schon nach fünf Minuten gar sein, dicke können bis zu 20 Minuten brauchen. Am besten probiert man sie häufig und richtet sie an, wenn sie noch etwas «Biß» haben. Wichtig: Die Schüssel muß heiß sein. Lauwarme Teigwaren schmecken gräßlich.
Teigwaren und Kartoffeln – ich glaube, keine andern Nahrungsmittel lassen sich so vielfältig zubereiten. Manchmal versuche ich mir vorzustellen, wie ein Speisezettel ausgesehen haben mag, bevor man sie kannte.
Unter «Teigwaren» verstehen wir heute vor allem italienische Spezialitäten, angefangen mit den aus Hartweizengrieß, Wasser und Salz hergestellten Spaghetti bis zu den Eierteigwaren, die – wie könnte es anders sein – halt am besten schmecken, wenn man sie selbst macht, so wie es unsere Großmütter taten. Das Grundrezept ist dabei genau gleich, ob man in den Kochbüchern deutscher, schweizerischer oder italienischer Großmütter schmökert: «man nehme Mehl, Salz und Eier». Fertig. Zeitaufwendig sind selbstgemachte Teigwaren nicht, wenn man den Trick kennt, den fertigen Teig mindestens eine halbe Stunde ruhen zu lassen. Dann ist er nicht mehr so zäh, daß es eines kräftigen Mannes bedarf, um ihn auszuwallen. Überdies gab es schon zu Großmutters Zeiten eine handliche Maschine, die einem diese Arbeit abnimmt und den Teig gleich noch in der gewünschten Breite zerschneidet.

Teigwarenrezepte

Großmutters Nudelteig

Es lohnt sich, eine größere Portion aufs mal herzustellen, denn die Teigwaren lassen sich – wenn man sie nach dem Auswallen und Trocknen gut bemehlt – einige Tage im Kühlschrank und drei Monate im Tiefkühler aufbewahren.
Grundrezept Nudelteig, den man für Nudeln, Lasagne, Cannelloni, Ravioli usw. verwenden kann:

*400 g Mehl (Weißmehl, Typ 405,
Ruchmehl, Typ 1080, Dinkel- oder
Buchweizenmehl)
3—4 Eier
½ TL Salz*

Will man grüne Teigwaren machen, ersetzt man 1 Ei durch 350 g Spinat, den man weichkocht und durch ein Sieb streicht.

Das Mehl auf den Tisch sieben, Salz darüberstreuen, in der Mitte eine Vertiefung machen, die Eier einzeln hineingeben, mit einer Gabel mit etwas Mehl vermengen, dann mit den Händen durchkneten. Das am Tisch und an den Händen haftende Mehl mit einem Teigschaber ablösen, in die Teigmasse hineinarbeiten. Je nach Eiergröße braucht es 3 oder 4 Eier für diese Mehlmenge. Ist der Teig glatt und geschmeidig, eine Kugel formen, diese mit einem feuchten Tuch bedeckt ½ Std. ruhen lassen. Dann mit dem Wallholz ausrollen, bis er nur noch millimeterdick ist.

Für Lasagne etwa 5 cm breite Stücke schneiden, die in der Länge der vorgesehenen Auflaufform entsprechen.

Für Nudeln den Teig etwas dicker belassen, locker aufrollen, in 5 mm breite Streifen schneiden. Will man die Nudeln nicht sofort verwenden, auf ein Tuch gelegt trocknen.

Schwer ist mir die Auswahl der Saucen gefallen, die ich hier angeben möchte. Einerseits werde ich immer wieder nach den klassischen Rezepten wie Bolognese- oder Tomaten- oder Pesto-Sauce gefragt (die man in vielen andern Kochbüchern auch findet), andererseits gibt es weniger bekannte und doch soo feine Zubereitungsarten. Hier ein Querschnitt.

Spaghetti Fischerart
(Rezept einer italienischen Großmutter, für unsere Verhältnisse geändert)

    2 EL Olivenöl
 500 g Vongole (Venusmuscheln; aus der Dose)
 200 g Crevetten (Dose oder tiefgekühlt)
    1 dl Weißwein
1 Dose Pelati (500 g)
    2 EL Tomatenpüree
      1 Knoblauchzehe
 1 Msp. Cayennepfeffer
       Salz, Pfeffer
 400 g Spaghetti

Das Öl erhitzen, die Vongole mitsamt dem Saft, die gefrorenen Crevetten beigeben, alles andämpfen, den Wein beifügen, 10 Min. köcheln lassen, die restlichen Zutaten dazugeben, 10 Min. eindicken lassen. Über die al dente gekochten Spaghetti geben, mit zwei Gabeln mischen.

Tomatensauce

    2 EL Olivenöl
 100 g gekochten Schinken, in Würfel geschnitten
      1 feingehackte Zwiebel
1 Dose Pelati (500 g)
    3 EL Tomatenpüree
   ½ TL Zucker
    2 EL feingehacktes Basilikum frisch, oder 2 TL getrocknetes
    1 EL Rosmarinnadeln, frisch oder 1 TL getrocknete
       Salz, Pfeffer
      1 Ei

Das Öl erhitzen, die Schinkenwürfel, dann die Zwiebel darin andünsten, die abgetropften Pelati, das Tomatenpüree beigeben, 5 Min. dämp-

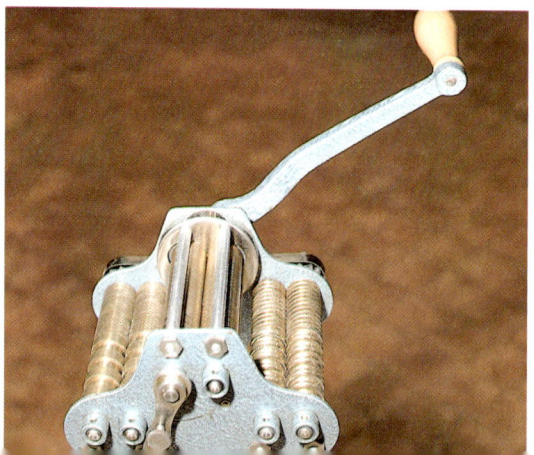

fen, salzen, pfeffern, alles während ½ Std. eindicken lassen, die Kräuter beigeben, 15 Min. köcheln, die Sauce durch ein Sieb geben. Vor dem Servieren zuerst das gut zerklopfte Ei unter die Teigwaren mischen, dann dasselbe mit der Sauce tun. Mit geriebenem Parmesan servieren.

Ragù bolognese

- 1 EL Olivenöl
- 1 EL Butter
- 100 g gesalzener Speck, in Würfel geschnitten
- 500 g Rinder- und Schweine-Hackfleisch gemischt
- 1 Zwiebel, fein gehackt
- 2 Karotten, fein geraffelt oder geschnitten
- ¼ Sellerieknolle, fein geraffelt, oder
- 2 Rippen Bleichsellerie, fein geschnitten
- 2 dl herben Rotwein, am besten italienischer
- 1 Dose Pelati (geschälte Tomaten)
- 2 EL Tomatenpüree
- 1 EL Rosmarinnadeln, frisch oder
- 1 TL getrocknete
- 1 EL Salbeiblätter, frisch, fein geschnitten, oder
- 1 TL getrocknete
  Salz, Pfeffer

Olivenöl und Butter schmelzen, den Speck beigeben, etwas anziehen lassen, Fleisch beigeben, durchbraten, die feingehackte Zwiebel, das feingeschnittene oder geraffelte Gemüse ebenfalls beigeben, 5. Min. dämpfen, mit dem Wein ablöschen. Pelati und Tomatenpüree beigeben, 1½ Std. auf kleinem Feuer kochen, die Kräuter beifügen, nochmals ½ Std. köcheln lassen, salzen, pfeffern.

Nudeln mit Nüssen

- 4 EL Wasser
- 1 EL Salz
- 400 g Nudeln
- 100 g Pinien- oder Walnußkerne
- ½ TL Zucker
- 1 Prise Zimtpulver
- 1 Prise Muskatnuß
  Salz, Pfeffer
- 3 EL Olivenöl
- 1 EL frische Butter
- 1 EL helles Paniermehl

Die Nudeln al dente kochen, in einer vorgewärmten Schüssel anrichten.
Die Nüsse in einem Mörser fein zerstoßen, Zukker, Gewürze, Salz, Pfeffer und Öl daruntermengen, daß eine homogene Paste entsteht.
Die Butter schmelzen, das Paniermehl darin anschwitzen. Die Pfanne vom Feuer nehmen, die Nußpaste beigeben, alles über die Teigwaren schütten, mit zwei Gabeln leicht untermengen. Sofort servieren.

Béchamelsauce

- 1 EL Butter
- 1 EL Weißmehl
- 3 dl Rinderbouillon
- 2 EL Weißwein
  Muskat, Salz, Pfeffer
- 3 EL geriebener Parmesan oder Sbrinz

Die Butter schmelzen, das Mehl darunterrühren. Die Pfanne vom Feuer nehmen, die Bouillon dem Pfannenrand entlang beigeben, gut rühren, den Weißwein beigeben, würzen, 5-10 Min. köcheln lassen.
Den Käse darunterziehen.

Nudeln mit Mascarpone

    4 L   Wasser
    1 EL Salz
  400 g   Nudeln
  250 g   Mascarpone (ersatzweise
          Rahmquark)
    4 EL Olivenöl
   50 g   Parmesankäse
          Pfeffer
    2 EL Petersilie, fein gehackt

Nudeln al dente kochen.
Mascarpone, Öl, Käse, Salz und Pfeffer miteinander vermischen, mit 2 EL des Nudel-Kochwassers verdünnen, mit den Nudeln und der Petersilie vermengen.

Teigwarenkroketten

    3 EL Weißmehl
    1   Ei
    3 EL Milch
    3 EL geriebener Parmesankäse
    1 Prise Muskatnuß
          Salz, Pfeffer
  300 g   Teigwarenreste (also gekochte
          Spaghetti oder Nudeln)
          Fritieröl

Man vermengt das Mehl mit dem Ei, der Milch, dem Käse, daß ein dünnflüssiger Brei entsteht, würzt ihn.
Die Teigwarenreste werden in nußgroße Stücke zerschnitten, mit dem Brei vermischt, eßlöffelweise im Öl fritiert.

Lasagne oder Cannelloni

Man stellt die Lasagne her, kocht Bolognese- und Béchamelsauce, (siehe Seite 137), gibt Lasagne und Bolognesesauce lagenweise in eine gefettete Auflaufform. Darüber schüttet man die Béchamelsauce. Man kann darüber nochmals etwas geriebenen Käse und Butterflöckchen geben. Die Lasagne werden im auf 200° vorgeheizten Ofen 20—25 Min. überbacken.
Das Rezept scheint kompliziert, hat aber den Vorteil, daß man die Speise z. B. schon am Vortag vorbereiten kann und dann nur noch zu bakken braucht. Gut schmeckt dazu – auch wenn's nicht ganz stilrein ist, grüner Blattsalat, mit Rotweinessig, Olivenöl und etwas Knoblauch angemacht.
Mit genau denselben Zutaten kann man anstatt Lasagne auch Cannelloni machen. Dann gibt man auf die Teigstücke die Bolognesesauce, rollt sie zu Röhren (Nahtstelle nach unten), übergießt mit der Béchamelsauce.

Tortellini

Das sind mit Fleisch und/oder Quark und Gemüse gefüllte Nudelteigröllchen, die man in Feinkostgeschäften kaufen kann. Man kocht sie in viel Salzwasser während 20—25 Min. weich, übergießt sie z. B. mit einer Tomatensauce oder mit etwas Olivenöl, in dem man feingehackten Knoblauch und Salbeiblätter angedämpft hat.
In beiden Fällen mit geriebenem Parmesan überstreuen.

Die einzige Speise, die immer mein Vater zubereitete und die für uns Kinder ein Festessen war:

Jägerhörnli, wie sie in der Alp Ramoz gekocht wurden

3 L Wasser
1 EL Salz
6 mittelgroße Kartoffeln, gewaschen, geschält, der Länge nach geviertelt
4 Handvoll Hörnli (die billigsten schmecken am besten!)
1 Zwiebel, geschält, fein gehackt
1 Handvoll geriebener Emmentaler Käse
3 EL frische Butter

Die Kartoffeln im Salzwasser 10 Min. kochen, die Hörnli beigeben. Wenn diese gar sind, das Wasser abschütten. Zurückgeben in den warmen Kochtopf, dabei lagenweise die rohe Zwiebel und den Käse daruntermischen, die Butter braun werden lassen und darübergießen.
Zu Hause aßen wir Salat dazu. In der Ramozer-Hütte gab es das nicht. Deshalb bekamen wir nachher noch einen Apfel.

Kräuter-Makkaroni

3 l Wasser
1 EL Salz
300 g Makkaroni
1 EL Olivenöl
2 EL Liebstöckel, fein gehackt
2 EL geriebenen Parmesankäse
2 EL Butterflocken

Wasser, Salz und Olivenöl aufkochen, die Makkaroni darin garkochen, in eine gut angewärmte Schüssel mit Deckel die Hälfte der Teigwaren geben, die Hälfte der Kräuter und des Käses streuen. Die zweite Hälfte der Teigwaren, der Kräuter und des Käses darübergeben, mit den Butterflocken bestreuen, 5 Min. zugedeckt ziehen lassen. Die Schüssel zugedeckt auf den Eßtisch stellen, den Deckel abheben und ... ahhh. Salat aus geraffelten Karotten, mit Zitronensaft und Joghurt angemacht, schmeckt gut dazu und sieht schön aus.

Sind Dampfnudeln Teigwaren?

«Nein», protestiert Sabine, die angehende Hauswirtschaftslehrerin. «Dampfnudeln gehören zu den Hefegebäcken».
Und ich, weil ich nun einmal Lust habe, hier und jetzt über Dampfnudeln zu schreiben und – notabene – solche meinen Lieben zum Nachtessen vorzusetzen, halte Sabine das Kochbuch meiner Großmutter unter die Nase. Ein Kochbuch von 1884. Da sind die «Dampfnudeln» gleich hinter den Makkaroni und Nudeln im Teigwaren-Kapitel aufgeführt (und hintendran sind – ebenfalls im Teigwarenkapitel – die Strudelrezepte).
«Mit Dampfnudeln kann man Männerherzen erobern», behauptete unsere bayrische Köchin Monika. Ich wußte schon als ganz kleines Mädchen, daß unser Portier Anton Dampfnudeln über alles liebte. Eines weiß ich allerdings nicht: Weshalb Anton Monika nicht geheiratet hat, denn ihre Dampfnudeln waren ein Gedicht.
Weil der Teig arbeitsaufwendig ist, lohnt es sich, die angegebene Menge der Zutaten zu nehmen, die für ungefähr 30 Dampfnudeln reicht.
Hier ihr Rezept, das ich ganz genau aufschreibe. Deshalb ist es so lang geworden. Man soll es Schritt für Schritt nachmachen. Beim zweiten Mal merkt man schon, daß es gar nicht so kompliziert ist.
Und beim dritten Mal – ja – da serviert man es vielleicht zum Verlobungsessen...
Die Fotofolge auf der übernächsten Seite soll Ihren Versuch noch erleichtern. Auf dem Bild der fertig gegarten Dampfnudeln fehlt die Uhr. Sie hätte 18.05 Uhr gezeigt, aber als wir jenes Foto machen wollten, waren Pfanne und Teller schon leer gegessen.

Dampfnudeln

Vorteig:

40 g Hefe
1 dl lauwarmes Wasser
½ l lauwarme Milch
400 g Weißmehl (Typ 405)

Teig:

1 kg Weißmehl (Typ 405)
1 KL Salz
4 Eier
150–175 g Zucker
abgeriebene Schale einer halben Zitrone
½ Vanilleschote, aufgeschlitzt (die zweite Hälfte braucht man für die Vanillesauce)
175 g frische Butter, bei Zimmerwärme geschmolzen
Zum Ausrollen ca. 100 g Weißmehl

Nudelbad:

2 T Wasser oder Magermilch, lauwarm
1 EL Butter, bei Zimmerwärme geschmolzen

Vorteig:
Die Hefe im Wasser auflösen, aufschäumen lassen, in einer vorgewärmten Schüssel mit der Milch mischen, Mehl darübersieben.

Teig:
Mehl über den Brei sieben, Salz dazugeben.

Schüssel mit einem Tuch bedeckt an einem warmen, zugfreien Platz stehen lassen, bis sich im Mehl Risse zeigen. Die Eier mit dem Zucker in einer Schüssel im Wasserbad schaumig rühren, Zitronenschale, Vanillekerne und Butter beigeben. Rühren, bis die ganze Masse lauwarm geworden ist.

Nun arbeitet man mit einer Holzkelle abwechslungsweise Mehl und Eiermasse in den Vorteig, bis er Blasen wirft und sich von der Schüssel löst (ev. noch mehr Mehl beigeben). Es muß ein leichter, lockerer, geschmeidiger Teig entstehen. Den läßt man, wiederum mit einem Tuch zugedeckt, an einem warmen Ort um mindestens das Doppelte aufgehen (Dauer: bei Zimmerwärme ca. 1 Stunde, sonst länger).

Ausrollen:

Man knetet den Teig auf dem bemehlten Tisch gut durch, wiegt davon das Quantum ab, das man sofort weiterverarbeiten will. Man rechnet pro Person zwei Dampfnudeln à 60 g. Den Rest des Teiges kann man für drei Tage im Kühlschrank aufbewahren oder portionenweise tiefkühlen. Dann bleibt er drei Monate haltbar.

Man formt den Teig zu einer etwa 5 cm dicken Rolle, von der man ca. 60 g schwere Stücke mit dem Teigschaber absticht, nochmals durchknetet und zu runden Ballen formt. Man legt diese in großen Abständen auf ein Backblech, bedeckt sie mit einem Tuch und läßt sie wiederum um das Doppelte gehen.

Auch wenn es einem leid tut: es lohnt sich, sie nochmals durchzukneten, wiederum zu Kugeln zu formen, die man diesmal in eine gut gefettete, gußeiserne Form mit Deckel (1 EL Butter) setzt. Wiederum darauf achten, daß genügend Zwischenraum gelassen wird. In meiner 25 × 35 cm messenden Gußeisenform haben 16 Dampfnudeln Platz.

Den Backofen auf 200° vorheizen.

Das Nudelbad zwischen die Teigballen gießen. Deckel aufsetzen, 45 Min. backen, ohne den Deckel zu öffnen.

Nun werden bayrische Dampfnudelspezialisten protestieren und sagen, man müsse diese Speise auf und nicht im Herd zubereiten. Aber sobald das Gefäß eben größer als eine Kochplatte ist, ist die Backofenart sicherer.

Währenddem die Nudeln garen, bereiten wir noch eine Vanillesauce zu – aber bitte nicht aus dem Päckchen. Eine echte Vanillesauce ist beinahe gleichschnell zubereitet und schmeckt halt unvergleichlich viel besser:

Vanillesauce
½ l Milch
½ Vanilleschote
2 El Zucker
2 Eier
1 EL Speisestärke (Maizena)
1 Prise Salz

Milch, Vanille und Zucker aufkochen, beiseitestellen, 10 Minuten stehen lassen.

Das Eigelb mit der Speisestärke verrühren. Die Milch darüberschütten, nachdem man die Vanilleschote ausgekratzt und entfernt hat. Alles gut mit dem Schneebesen schlagen. Einmal aufkochen, vom Feuer nehmen.

Die Eiweiß mit dem Salz zu steifem Schnee schlagen, unter die heiße Milch ziehen. Heiß zu den Dampfnudeln servieren.

Eine Art Stummfilm für Dampfnudel-Anfänger

Um um 18.00 Uhr fertige Dampfnudeln zu haben, beginnen wir um 14.00 Uhr mit unserer Bäckerei:

1. Die Zutaten liegen bereit.

2. Um 14.20 Uhr ist das Mehl gesiebt und sind Eier, Butter, Zitronenschale und Salz in vorgewärmter Schüssel gemischt.

3. Um 14.40 Uhr sind alle Zutaten miteinander vermengt ...

4. ... in einer knappen Stunde sind sie um das Doppelte aufgegangen.

5. Man formt 60 g schwere Kugeln, läßt sie auf einem Backblech aufgehen, knetet sie nochmals durch, läßt nochmals aufgehen, gießt das Milchbad dazu, schiebt sie um 17.15 Uhr zugedeckt in den vorgewärmten Ofen. Deckel während der Backzeit nicht öffnen.

6. So sehen um 18.00 Uhr die fertigen Dampfnudeln aus.

Kraft aus der Tiefe

Wenn meine Mutter im Garten Gemüse gesät hat, dann hat sie nie Kraut und Rüben durcheinander gebracht. Zwischen dem einen und dem anderen lagen immer 14 Tage, denn so sagte sie: «Was nach oben wächst, muß im zunehmenden Mond gesät werden, und was nach unten wächst, im abnehmenden».

Für den Hobbygärtner gehört das Säen von Gelben Rüben zu den schönsten Erfolgserlebnissen. Vorausgesetzt allerdings, daß ihm Würmer und sonstige Schädlinge keinen Strich durch die Rechnung machen, mir machen sie das meist. Ich erinnere mich gern daran, mit welcher Liebe meine Mutter das Beet für die Gelben Rüben gerichtet hat. Dann hat sie den Samen mit feinem Sand gemischt, «damit er sich gleichmäßig über das Beet verteilt». Das Beet hat sie zuvor ganz fein gerecht, so daß die Oberfläche überhaupt keine Krumen mehr hatte. Dann streute sie die Sand-Samen- Mischung darüber, und wenn ich es richtig gehört habe, dann murmelte sie dabei einen Spruch der so ähnlich klang wie: «Ich sai Ruebe, Maidli und Buebe, für armi un für riechi Lit, daß es jo viel Ruebe git».

Dann wurde das Beet mit einem Brett festgeklopft, und an eine passende Stelle drückte meine Mutter einen kleinen Ast in die Erde und spießte das umgekehrte Samentütchen darauf. Ich bin sicher, das hat sie nicht gemacht, weil sie nachher nicht gewußt hätte, daß in diesem Beet Gelbe Rüben gesät waren, sondern einfach, weil es so schön aussah, wenn im Frühjahr im Garten die wohlangelegten Beete braun und akkurat, ohne ein Gräslein vom Fleiß und der Ordnungsliebe kündeten und das farbige Tütlein, mit den Gelben Rüben darauf abgebildet, sozusagen das Tüpfelchen auf dem i war.

Nach ein paar Wochen waren die Gelben Rüben aufgegangen. Dann wurden alle diejenigen herausgerissen, die zu dicht standen, so daß jedes der Pflänzlein genügend Platz um sich hatte, und wieder einige Zeit später stand das wunderschöne grüne Kraut dicht gedrängt auf dem Beet. Ein Genuß für die Hand, wenn man darüberstrich. Ich weiß nicht, ob das irgendeiner meiner Leser je getan hat, aber das gefiederte Blatt der Gelben Rüben ist so etwas Zartes wie das feine Dachshaar eines trockenen Rasierpinsels. Der Genuß der Genüsse: frische Gelbe Rüben, nur ganz kurz in Butter geschwenkt.

Für den Winter hat meine Mutter bei einem Bauern auf dem Markt Gelbe Rüben gekauft und bei den Kartoffeln im Keller eingelagert in einer Kiste mit feuchtem Sand. Um es ganz genau zu sagen, die selbstgezogenen zarten von Anfang Juni, die nannte meine Mutter «Karotte» und die vom Winter ganz prosaisch «Gelberuebe». Diese Gelberuebe kochte sie im Winter zusammen mit Kartoffeln im Verhältnis 1:1, Speck kam dazu. Das Ergebnis war ein hochfeiner Eintopf. Es war derselbe Eintopf, den es ganz selten mit einer anderen Rübe gab, die meine Mutter «Bodenkohlrabi» nannte. Ich habe lange Zeit gebraucht, um herauszubekommen, daß dieser Bodenkohlrabi derselbe ist, der bei vielen Leuten als Kriegsernährung unter dem Namen «Steckrübe» in Erinnerung ist. Ich fand immer – auch dieses Gericht habe ich seit bald 40 Jahren nicht mehr gegessen –, daß ihr scharfer, intensiver Geschmack, vermischt mit Kartoffeln, hervorragend schmeckte. Aber wahrscheinlich hat halt meine Mutter mit Hilfe von Butter und ihrer großen Kochkunst dieses Gericht zu etwas so Delikatem

werden lassen, wie es in meiner Erinnerung geblieben ist. Zum Schrecken aller Vollwertköstler sei's gesagt: die Rüben und Kartoffeln müssen zu einem Brei verkochen!
Aber damit hörten die Rübengerichte meiner Mutter im Winter nicht auf. Im Gegensatz zur Gelberuebe, länglich, also Möhre oder Karotte, kannte meine Mutter etwas, das sie «Geli Ruebe» nannte, sie sagte dazu auch «Siasi Ruebe». Dieses Gericht war so intensiv in meiner Erinnerung als herbstlicher Genuß nach dem ersten «Riffe», wie meine Mutter sagte, also nach dem ersten Rauhreif, daß ich mir das Rezept von einer meiner Cousinen aus Bollschweil geben ließ. Zunächst war es ein Problem, diese Rüben zu finden. Aber es gibt sie in der Tat auf dem Markt. Sie sind etwa so groß wie eine Männerfaust, rund und intensiv gelb. Mutter hat sie geschält, in Scheiben geschnitten, dann gab sie Butter in einen Topf, karamelisierte etwas Zucker darin und schichtete den Topf bis oben hin voll mit den Rübenstücken. Zum Schluß gab sie oben drauf ein Stück Schweinebauch. Das Ganze wurde nun gedämpft, kochte auf ein Drittel zusammen, geschwellte Kartoffeln gab es dazu, zu Hochdeutsch: Pellkartoffeln. Ja, ja, ich weiß, der ernährungsbewußte Vollwertköstler hat jetzt erneut die Haare vor Entsetzen gestellt wie ein Igel. Aber ich kann im Vertrauen verraten, daß besagte Gelbe Bete zu einem außerordentlich hohen Teil aus Wasser und Ballaststoffen besteht.
Schließlich und endlich hat Mutter mindestens einmal im Winter aus Bollschweil, ihrem Heimatort, eine Portion Saure Rüben bekommen. Das wiederum waren in Streifen geschnittene weiße Rüben, eingemacht und zubereitet wie Sauerkraut. In der Umgebung von Baden-Baden nennen die Bauern die Sauren Rüben: «Kellernudeln». Kürzlich hat mir eine liebe Kollegin mit einem beziehungsvollen Namen – sie macht auch wunderbares Sauerkraut! – eine Kochede Kellernudeln geschenkt. Und sie hat mir auch gleich ihr Rezept verraten. Sie dämpft Zwiebeln und gibt dann die Sauren Rüben dazu. Dicht neben dem Beet mit den Gelben Rüben gab es in Mutters Garten das Beet mit den Rettichen und Radieschen.
Säen durfte ich ja nie, das muß ich doch einmal sagen, solche Feinheiten machte Mutter immer selber. Ich wurde für das Gröbere eingesetzt, hatte die Beete umzustechen, das Unkraut zu jäten, die Bäume und Sträucher zu schneiden, im Sommer das Wasser zu tragen und wie schon erwähnt, im Herbst für die düngenden Blätter und den Mist zu sorgen. Die höheren Aufgaben, wie Säen, Pflanzen und Ernten behielt sich Mutter selber vor. Ich nehme an, daß gerade das Säen und Setzen die mütterliche Hand, die Hand einer Frau braucht, daß man dies Männern nicht überlassen kann. Schließlich sind Frauen der Natur näher, haben eine engere Beziehung zur Natur, leben nicht so sehr aus dem erdabgewandten Kopf. Jetzt werden wieder einige Leserinnen in mir einen Macho vermuten. Denen sei gesagt, ich schreibe das über die Frauen fast mit Neid. Ich finde das Wesen einer Frau dem menschlichen Dasein angemessener, und zwar gerade deswegen, weil eine Frau empfindsamer, einfühlsamer ist, weil sie sich nicht der Welt und ihrem Widerstand entgegenstemmt; weil sie die Weisheit des Wassers besitzt, das konsequent dahin fließt, wo es hinfließen muß, das nicht verbissen gegen einen Widerstand anrennt, sondern ihn einfach umfließt. Aber dazu gehört natürlich auch, daß die Frau wirklich eine Frau ist und sich nicht durch die Übernahme aller schlechten Eigenschaften der Männer zu «emanzipieren» trachtet. Gerade bei den Gemüsen, die unter der Erde im Verborgenen gedeihen, scheint mir so viel Nähe zu Mütterlichem gegeben. Schließlich wächst das Kind auch im Dunkeln und Verborgenen heran. Und davon hat jede Frau ein angeborenes Wissen.

Diese wissende Hand verlangt vor allem der Meerrettich, dessen Anbau komplizierter ist als der seines nächsten Verwandten, des Schwarzen Rettichs. Zunächst einmal braucht er eine gut gedüngte, tiefe Erde. Die sogenannten Fechser, das sind bleistiftdünne Wurzelstücke, werden im Frühjahr in kleine Erdwälle, ähnlich wie beim Spargel, schräg eingegraben, nachdem man sie vorher mit einem rauhen Tuch abgerieben hat, damit sie möglichst wenig Seitenwurzeln bekommen. Im Juni haben sie Blätter und Wurzeln getrieben, dann wird der Wall aufgegraben und die inzwischen dicker gewordenen Meerrettiche werden freigelegt, ohne die Blätter und die am unteren Ende befindlichen Wurzeln – sie sollten in der Erde bleiben – zu beschädigen. Das Mittelstück aber, das dick werden soll, wird erneut auch von den kleinsten Würzelchen befreit, so daß zwischen Blättern und unteren Wurzeln kein einziges bleibt. Dann wird das Ganze wieder zugegraben. Im Herbst kann man dann den Meerrettich ernten, an dessen unterem Ende es wieder Fechser gibt. Wenn man die Fechser erntet, dann sollte man unter Umständen das obere Ende, also das vom Meerrettich abgeschnittene, kennzeichnen. Aber meistens wird man ja erkennen, wo oben ist, dort ist der Fechser dicker. Die Fechser kommen in feuchten Sand im Keller, und im darauffolgenden Frühjahr beginnt alles von vorne.

Warum der Meerrettich Meerrettich heißt, weiß kein Mensch. Manche sagen, er sei übers Meer zu uns gekommen. Aber das kann es ja wohl nicht sein. Andere sagen, es hieße eigentlich Märrettich, Pferderettich also, denn Mähre ist das Wort für ein altes Pferd. Darauf könnte die englische Bezeichnung hinweisen: «Horseradish», was in der Tat Pferderettich heißt. Wieder andere glauben, daß man immer mehr davon essen muß, weil er so gut schmeckt. Es gibt aber noch eine Möglichkeit: Nach dem ersten Frühlingsmond feiern die Juden das Passahfest. Davon wird im Kapitel Lamm gesprochen. An dem Abend, der an den Auszug aus Ägypten und das Schlachten des Passahlammes erinnert, am Sederabend, steht auf dem festlich gedeckten Tisch die Sederschüssel. Und außer den drei Matzen und dem Ei befinden sich in dieser Schüssel auch bittere Kräuter. Zu diesen Kräutern gehört neben Radieschen und Gartenlauch der Meerrettich. Diese bitteren Kräuter sind die Erinnerung an die Bitternis der Knechtschaft, in der das Volk Israel in Ägypten lebte. Diese Kräuter heißen Maror. Und könnte nicht sein, daß in dem Wort Meer des Meerrettich dieses Maror steckt?

Für mich ist mit Meerrettich eine höchst merkwürdige Erinnerung verbunden. Eines Tages, ich muß noch sehr klein gewesen sein, erzählte meine Mutter dem Vater, ein «Meerrettichmann» aus Urloffen sei da gewesen und habe so geweint, weil ihm niemand Meerrettich abgekauft habe. Urloffen ist das Dorf in der Rheinebene bei Offenburg, das für den Meerrettichanbau berühmt ist. Aber von Urloffen nach Freiburg ist ein weiter Weg. Und da war also ein Bauer aus Urloffen mit seinem Meerrettich nach Freiburg gefahren, um ihn dort von Haus zu Haus zu verkaufen. Was mich dabei so beeindruckte, ich war vielleicht sechs oder sieben Jahre alt, das war, daß ein Mann geweint hat. Und das war nicht nur für mich in jener Zeit etwas Ungewöhnliches. Mein Vater und meine Onkel weinten nicht. Männer hatten hart zu sein und Schmerz und Trauer unbewegt zu ertragen. Ich fürchte, heutzutage weinen eher die hartgewordenen Frauen nicht als die «soft» gewordenen Männer.

Noch eine Erinnerung kommt mir beim Schreiben über den Meerrettichmann. Er hatte einen umgebauten Kinderwagen, «Meerrettich-Chaise» genannt. Sie hatte 4 große Räder, von denen die vorderen beiden eine schmalere Achse hatten als die hinteren. Sie war ausgestattet mit Blattfedern, in denen ein geflochtener, länglicher Korb hing. Das Ganze hatte natürlich einen Griff zum Schieben, und im Korb lagen die Meerrettichstangen. Mit diesen Wägelchen liefen die Urloffer durch ganz Baden.

Inzwischen ist Meerrettich ein gesuchtes Gemüse. Irgend etwas Medizinisches wird auch aus ihnen gewonnen. Kein Urloffer braucht mehr mit der Meerrettichchaise von Haus zu Haus zu fahren. Und weinen tut nur noch der Feißt, wenn er Meerrettich reibt.

Doch zurück in den Garten meiner Mutter und zu dem Wurzelgemüse, das da auch noch wuchs. Das waren die Rahnen oder Roten Beten, für den Salat am Samstag, und die Sellerie, deren Blätter die Mutter als Gewürz für die Nudelsuppe brauchte und aus deren Knollen sie Selleriesalat machte. Mutter hat die Selleriewurzel gekocht und dann in Scheiben geschnitten, manchmal hat sie ihn aber auch auf dem Rettichhobel gerieben, zusammen mit einem Apfel, und hat Nüsse und Zitronensaft beigemischt. Jedesmal, wenn Mutter die Sellerieknollen aus der Erde nahm oder wenn sie den Salat machte, sang sie ein Lied, das mir immer seltsam vorkam. Es hatte folgenden Text: «Freu Dich Fritzchen, freu Dich Fritzchen, heute gibt es Selleriesalat». Mir kam dieser Text stets blöd vor. Warum soll man sich ausgerechnet über Selleriesalat freuen, der ja nicht gerade die Spitze des Delikaten ist. Da gäbe es, so schien mir, doch wirklich Anlaß genug z. B. über Feldsalat oder über Tomatensalat ein Lied zu singen. Nein, ausgerechnet Selleriesalat. Heute, viele Jahrzehnte später, dämmert mir die tiefe Bedeutung dieses Liedes. Oder wie ich in einem Buch gelesen habe: «...gilt der Sellerie seit langem als Kraftspender für müde Ehemänner». Was meine Mutter nicht anpflanzte, das waren Schwarzwurzeln, die mochte nämlich meine Mutter nicht, ebensowenig wie sie Mangold mochte. Pastinaken, die kenne ich bis heute noch nicht und Topinambur auch nicht, wenigstens nicht als Gemüse. Der besondere Witz ist, daß in unserem Garten wahrscheinlich Topinambur wuchs. Hinter unserem Gartenhäusle nämlich wucherten in jedem Sommer hohe, gelbe Blumen, gegen deren verdicktes Wurzelwerk ich in jedem Herbst einen erbitterten Kampf führte. Das war wahrscheinlich Topinambur. Es ist, als würden die Wurzeln die Kraft der Erde in sich sammeln, soviel Heilwirksamkeit geht von ihnen aus. In China glaubt man, daß Rüben die Speise der Unsterblichkeit seien. Und ganz merkwürdig heißt es in dem berühmtesten aller Kräuterbücher, dem Kräuterbuch des Dioscorides in einer deutschen Ausgabe von 1610: «Rübensamen getrunken ist gut gegen tötliches Gift und macht einem Lust zur Unkeuschheit».

Neben vielem Vitamin C enthält der Rettich Senföl. Das macht ihn antibakteriell. Sein besonderer Wert aber liegt in der Heilwirkung bei Erkrankungen der Gallenwege. Es sei wissenschaftlich erwiesen, daß er bei Gallengries und Gallenstein hilft, heißt es. Frischer Rettichsaft, vor allem des schwarzen Rettichs, hilft gegen Entzündung der Gallenblase. Es wird eine 3-Wochen-Kur empfohlen, bei dem man täglich ca. 100 g frischgewonnenen Saft trinken muß. Vorsicht ist allerdings geboten bei Magen- und Darmentzündungen, da sollte man niemals Rettich essen.

Reich an Vitaminen und Mineralstoffen sind die Roten Rüben. Sie helfen gegen Blutarmut, Mineralstoffmangel und Nervosität. Und manche Leute erwarten ganze Wunderdinge vom Genuß der Roten Rüben: Ihr Saft gilt als wichtiges Mittel in der biologischen Krebsbehandlung, da er die Sauerstoffversorgung der Körperzellen verbessere. Man soll mehrere Monate lang täglich 1/2 l frischen Saft mit 1 Liter Buttermilch vermischt trinken.

Vitamin- und mineralstoffreich ist auch der Sellerie, der appetitanregend wirkt, von Magenkranken und Rekonvaleszenten gekocht gut vertragen wird. Man sagt, er sei gut bei Leber-, Nieren- und Blasenerkrankungen, auch bei Herzleiden und nervösen Zuständen. Gegen Rheuma wird ebenfalls eine 3-Wochen-Kur empfohlen, bei der man täglich 1/2 l Weinglas voll Saft aus Knollen oder Blättern trinken soll. Die kräftigende Wirkung auf die Potenz habe ich schon angedeutet.

Die Großmutter wußte...

Die in Mitteleuropa gängigsten Wurzelgemüse sind:
— die *Rote Bete* = in der Schweiz die *Randen* (Beta vulgaris). In alten Rezepten wird sie meist in gekochter Form verwendet.
— die *Möhre oder Karotte,* in der Schweiz *Rüebli* (Daucus carota), eines der beliebtesten Wurzelgemüse für Suppen- und Fleischspeisen.
— der *Knollensellerie* (Apium graveolens, var. rapaceum) roh als Salat, gekocht und geschmort auf unzählige Arten. Färbt sich an der Schnittstelle schwarz. Das kann durch Beträufeln mit Zitronensaft vermieden werden.
— die *Kohlrübe* (Brassica napobrassica) nicht zu verwechseln mit «Kohlrabi» (Brassica olenacea), die sehr ähnlich wie Kohlrabi schmeckt, aber einen größeren Ertrag abwirft und es verdienen würde, wieder vermehrt angebaut zu werden.
— *Meerrettich* (Armoracia rusticana), der zur Herstellung von scharfen Saucen dient.
— *Rettich* (Raphanus sativus) – eine der ältesten kultivierten Gemüsearten. Rettich war schon den alten Ägyptern bekannt.
— *Wurzelpetersilie* (Petroselium hortense) ist sowohl Würz- als auch Gemüsepflanze.
— *Schwarzwurzel* (Scorzonera hispanica), der Spargel des Herbstes.

Dann seien noch zwei weitere Wurzelgemüse erwähnt, die Großmutter noch kannte und die heute langsam wieder der Vergessenheit entrissen werden:
— die Pastinake *(Pastinea sativa),* ein weißliches Gemüse, das in Geschmack und Form der Karotte ähnelt, aber wesentlich größer wird, und
— der Topinambur *(Helianthus tuberosus),* vgl. Seite 151.
— Alle Wurzelgemüse werden zuerst gewaschen, dann geschält.
— Die Herzblätter von Wurzelgemüsen sollte man nicht wegschneiden, sondern feingehackt roh der Speise als Würzkraut beigeben.

Wurzelgemüse in Großmutters Hausapotheke

Allgemeines siehe Kapitel «Beeren» Seite 20

Knollensellerie *(Apium graveolens)*
Rheuma, Gicht, Herzkrankheiten, Nieren- und Blasenerkrankungen
— Möglichst viel Knollensellerie, roh als Salat, gekocht als Gemüse oder Salat essen
Sellerie soll die Geschlechtsdrüsen stimulieren. Deshalb finden sich in alten Tiermedizinbüchern Hinweise, Kühen, Schafen und Kaninchen zur Brunstzeit Sellerie zu verfüttern.

Karotte *(Daucus carota)*
Wurzel, frisch, roh oder gekocht, deren Saft
Kraut frisch, *Samen* frisch oder getrocknet
Brandwunden
— rohe, geriebene Karotten auflegen, stündlich erneuern
Diabetes
— rohen Karottensaft trinken
Erkältungskrankheiten, Grippe
— Karottensirup (siehe S. 154) mehrere Male tägl. 1 EL

Frostbeulen
— Absud von Kraut machen, als Bad verwenden
Gedächtnisschwäche
— 3 × täglich je ½ Tasse Saft, mit ½ Tasse Milch vermischt trinken
Hautkrankheiten
— 1 l Karottensaft täglich trinken
Kehlkopfentzündung
— Absud von Samen machen, damit gurgeln
Magen-Darmerkrankungen (auch bei Säuglingen)
— geschälte, geriebene Karotten mit wenig Wasser zu einem Brei kochen, mit Fleischbrühe aus Ochsenschwanz verdünnen
Menstruationsbeschwerden
— Tee aus Samen (1 TL Samen auf eine Tasse Wasser, auf 3 Portionen verteilen, 3 × täglich nüchtern)
Nachtblindheit
— viel rohen Karottensaft trinken
Sodbrennen
— ¼ l Saft aus rohen Karotten trinken
Wassersucht
— viel rohe und gekochte Karotten essen
Wurmbefall
— nüchtern viel rohe Karotten essen (aus dem gleichen Grund soll man auch Hunden rohe Karotten verfüttern)
Zahnweh, Mundfäule
— Absud von Kraut machen, damit gurgeln

Rettich *(Raphanus sativus)*
Wurzel, frisch, roh, deren Saft
Bronchitis
— Rettichsaft, mehrmals tägl. 1 EL
Gallensteine, Leberleiden
— geriebener Rettich, ganz wenig Salz, kein Essig

Rote Bete, Randen *(Beta var. rubra)*
Krebsvorbeugung
— (diese Eigenschaft der Roten Bete war unsern Großmüttern noch nicht bekannt, sie ist aber so wichtig, daß ich sie hier trotzdem erwähnen möchte)
Wurzel, frisch, roh (auch deren Saft)
Blutarmut
— Da der Saft absolut unschädlich ist, kann er in beliebiger Menge eingenommen werden. Empfohlen ist eine Anfangsdosis von etwa ½ l täglich, dann auf ¼ l reduzieren.
Rekonvaleszenz
Leber- und Gallenleiden

Topinambur

Das hat man davon, wenn man seine Nase in Großmutters Kochbücher steckt: man liest von «Pastinaken» oder von «Topinambur», wird neugierig, weil man das nicht kennt und feststellt, daß niemand, den man danach fragt, es kennt. Ein Mensch wie ich wird dann erst recht neugierig und läßt schon gar nicht locker. Inzwischen habe ich durch deutsche Freunde Pastinaken-Samen bekommen. Den Topinambur lernte ich durch Werner kennen. Stolz fragte er mich eines Tages «Willsch e Tobbi?». Unvorsichtig (das kommt von meiner Neugierde) sagte ich ja. Er streckte mir ein Gläslein klaren Schnapses hin. Ich rümpfte die Nase. «Probier's, schmeckt fein!» sagte er. Mutig versuchte ich, das Glas zu kippen ... «Wähhh ...»
Es brannte bis in meine Seele. Das sei Topinamburschnaps – eine badische Spezialität – und sehr gesund, sagte Werner. Trotz meiner brennenden Kehle horchte ich auf. Wenn die mit Topinambur Schnaps brauten, dann pflanzten sie ihn folglich zuerst an. Dann konnte ich viel-

leicht hier ein paar Knollen ergattern und die bei mir zu Hause anzubauen versuchen. Aber gewiß nicht, um nachher Schnaps zu brennen. Essen wollte ich sie! Und genau nach dem Rezept kochen, das ich in einem Kochbuch von 1916 gefunden hatte! Hier zur Abwechslung das Originalrezept zitiert:

Topinambur waschen, in der Schale wie Pellkartoffeln kochen, schälen, in Scheiben oder Würfel schneiden, mit heißer Butter beträufeln. Topinambur schmeckt ähnlich wie Artischocke und – das hat sich ein Jahr nach meinem ersten Anbau gezeigt – wuchert wie ein Unkraut, das sich nicht mehr vertreiben läßt.

Rezepte mit Wurzelgemüse

Wurzelsülze

2 Karotten
1 Sellerieknolle
1–2 Kohlrabi
Salz
1 EL Butter
1 große Zwiebel
100 g Schinkenwürfel
8 Blatt Gelatine
1 dl Weißwein

Karotten, Sellerie, Kohlrabi waschen, schälen. Jede Gemüseart in eine andere Form schneiden (Rädchen, Stäbchen, Würfel). Separat je in wenig kochendes Salzwasser geben und nicht ganz weichkochen. Abseihen, die Gemüsebrühe aber nicht wegschütten!
Die Butter schmelzen, die Zwiebel grob gehackt darin goldbraun dünsten, die Schinkenwürfel daruntermengen.
0,6 l der Gemüsebrühe mit dem Weißwein mischen, die in lauwarmem Wasser eingeweichten Gelatineblätter dazugeben, heiß machen.
Lagenweise die einzelnen Gemüse in eine mit kaltem Wasser ausgespülte Glasschüssel geben, mit der Sülze bedecken, festwerden lassen. Zuletzt die Zwiebel-Schinkenmischung, dann nochmals Sülze. Kaltstellen. Vor dem Servieren stürzen.
Wer die Kalorienmenge nicht scheut, kann Hollandaise-Sauce zu dieser feinen Vorspeise servieren.

Wurzelgemüse, gedünstet

Schön, daß es Großmutter-Rezepte gibt, die sich für verschiedene Gemüsearten eignen, wobei das Kochprinzip immer dasselbe, das Resultat aber – je nach der verwendeten Gemüseart – sehr variabel ist.

Grundregeln: auf kleinem Feuer in zerschmolzener Butter dünsten, Beigabe von feingehackter, zuvor gedünsteter Zwiebel und/oder Speckwürfelchen, immer schmackhaft, als Flüssigkeitsergänzung Hühnerbrühe. An sich süßliche Wurzelgemüse (Karotten, Sellerieknollen) können durch Zugabe von ganz wenig Zucker (den man sogar karamelisieren kann) noch verfeinert werden.

Das fertige Gericht bestreut man mit feingehackter Petersilie oder mit Schnittlauch. Stark aromatische Kräuter sind nicht empfehlenswert, da sie den Eigengeschmack der Gemüse zu sehr übertönen.

Wurzelsuppe

½ kleine Sellerieknolle
1 Petersilienwurzel
2 Karotten
1 Lauchstengel
2 Schwarzwurzeln
1 EL frische Butter
1½ l Wasser
1 KL Salz
Pfeffer
1 Eigelb
1 EL feingeschnittene Petersilie
50 g geriebener Parmesankäse

Alle Gemüse waschen, kleinschneiden, die Butter zergehen lassen, Gemüse darin auf kleinem Feuer dünsten, mit dem Wasser ablöschen, salzen, pfeffern, 1½ Std. köcheln, durch ein Sieb streichen, über dem mit der Petersilie verrührten Eigelb anrichten, den Reibkäse separat dazu servieren.

Selleriesalz

Seitdem ich auf einer Gewürzsalzpackung gelesen habe, es sei mit «geschmacksidentischen Aromastoffen», d. h. mit synthetischen Aromen hergestellt, lob ich mir selbstgemachtes Selleriesalz à la Großmutter erst recht!

500 g Sellerieknolle
1 kg Salz

Den Sellerie waschen, schälen, möglichst fein raffeln (Bircherraffel), sofort gut mit dem Salz vermengen, in eine Glas- oder Keramikschüssel geben, zugedeckt an einem warmen Ort während 2-3 Tagen stehen lassen. In einer großen Auflaufform möglichst flach ausbreiten, im Backofen bei 100° trocknen, bis das Salz hart ist. Die Backofentüre mittels eines dazwischengesteckten Kochlöffels etwas offen lassen, damit das verdampfende Wasser austreten kann.
Die harten Salzbrocken auf den Tisch schütten, mittels eines Wallholzes wieder zu rieselfähigem Pulver drücken.
Zur Abwechslung Salate und Suppen damit würzen.

Karottenbrei

8 mittelgroße Karotten
4 mittelgroße Kartoffeln
1 mittelgroße Zwiebel
2 EL Butter
1 Tasse Fleischbrühe
Salz, Pfeffer
1 EL Petersilie oder Schnittlauch,
fein gehackt

Die Karotten waschen, schaben, in Rädchen schneiden. Die Kartoffeln waschen, schälen, in Würfel schneiden. Die Zwiebel schälen, fein hacken. Die Butter schmelzen, die Zwiebel glasig dämpfen, die Karotten und Kartoffeln beigeben, andämpfen, die Fleischbrühe dazugießen, zugedeckt auf kleinem Feuer weichdämpfen, durchs Passevite (Flotte Lotte) drehen oder mit dem Stabmixer zu Brei verarbeiten, eventuell nachsalzen und -pfeffern, anrichten, mit den gehackten Kräutern bestreuen.

Käsekarotten

800 g Karotten
100 g in feine Scheiben geschnittener
oder grob geraffelter gut schmelzender Käse (Emmentaler, Fontina)
Salz, Pfeffer
1 EL Petersilie oder Schnittlauch, gehackt

Die Karotten waschen, schaben, in wenig kochendes Wasser geben, 20 Min. zugedeckt köcheln lassen. Abtropfen, in Rädchen schneiden. Die Butter schmelzen, die Karotten zugeben, salzen, pfeffern, mit dem Käse bestreuen, zugedeckt nochmals 10 Min. köcheln. Der Käse muß vollständig geschmolzen sein.

Karottensalat

600 g Karotten
3 EL Joghurt oder Rahm
1 EL Zitronensaft
Salz, Pfeffer
einige Spritzer Maggi-Würze
einige Walnuß- oder Pinienkerne

Die Karotten waschen, schaben, fein raffeln. Die übrigen Zutaten ohne die Nüsse gut miteinander vermengen, die Karotten darunterziehen, mit den Nußkernen dekorieren.

Karottensirup

Karotten waschen, schälen, raffeln, auspressen (es gibt Saftpressen, denen dasselbe Prinzip zugrunde liegt wie einer Knoblauchpresse. Man kann den Saft auch durch ein Gazetuch pressen. Am einfachsten ist natürlich ein elektrischer

Entsafter. (Wenn ich denke, daß unsere Großmütter sich mit bescheidensten Mitteln zu helfen wußten und wieviel Arbeit sie auf sich nahmen, um ihre Familie gesund zu erhalten . . .)
Den Saft mit Zugabe von gleichviel Roh- oder Kandiszucker zur gewünschten Dicke einkochen.

Karottenkonfitüre

> 1,2 kg Karotten
> Saft von 2—3 Zitronen
> abgeriebene Schale einer Zitrone
> 800 g Zucker
> 2 EL Apfelpektin

Die Karotten waschen, schälen, in Rädchen schneiden. In einer möglichst engen Pfanne mit dem Zitronensaft weichkochen. Das Mus durch ein Passevite (Flotte Lotte) treiben oder mixen. Den Zucker mit dem Pektin mischen, unters Mus mischen, 4 Min. sprudelnd kochen. Heiß einfüllen, sofort verschließen.

Eingemachter Randensalat (Rote Bete)

Die Randen waschen, Wurzel und Blätter beim Ansatz wegschneiden. So dicht in eine ungefettete Gußeisenform legen, daß der ganze Boden damit bedeckt ist. Backofen auf 175° vorheizen, die Randen 1 Std. garen, sie dürfen nicht zu weich sein, etwas abkühlen, aber nicht auskühlen lassen, schälen.

> 2,5 kg Randen
> 1½ l Weißweinessig
> ¼ l Wasser
> 2 KL Salz
> 6 EL Zucker
> 2-3 EL Kümmel
> 2 EL weiße Pfefferkörner
> 3 Lorbeerblätter, fein zerrieben
> 1 KL Gewürznelken
> eventuell 5-10 cm Meerrettich,
> gewaschen, geschält, gewürfelt

Essig, Wasser, Salz und Zucker miteinander aufkochen. Die Randen in gut gewaschene Gläser mit Schraubdeckel füllen, dabei lagenweise immer wieder von den Gewürzen dazugeben. Die heiße Essigwasser-Mischung darübergeben, sofort verschließen.
Ist sehr gut haltbar (und kalorienarm!)

Nachwort

Kathrin und ich haben dieses Buch dem Andenken unserer Mütter gewidmet. Wir fanden, es sei an der Zeit, der Frauen zu gedenken, die uns das Leben geschenkt haben. Das schreibt sich so hin, klingt so banal und doch, wir sind Fleisch von ihrem Fleisch. Wir sind in ihnen gewachsen, sie haben uns ihre Lebenskraft gegeben, uns mit ihrem Blut genährt, mit dem Sauerstoff ihres Atems versorgt. Der Anteil des Vaters ist ja so gering. Biologisch gesehen meine ich.
Was die Mutter für einen bedeutet, das begreift man erst dann, wenn sie längst nicht mehr da ist. Mag sein, daß man das eine oder andere gefühlvoll überbetont, aber es stimmt doch, kein Mensch auf dieser Welt steht einem je so nahe wie die Mutter, deren Teil man wahrhaftig ist. Kein Mensch auf dieser Welt steht einem so verläßlich nahe wie die Mutter. Sie hat uns das erste Lächeln geschenkt, sie hat uns Nahrung gegeben, sie hat uns zum ersten Mal beim Namen gerufen. Erst wenn die Mutter tot ist, ist man wirklich allein.
Ich habe meine Großmütter nicht mehr gekannt. Sie waren längst tot, als ich zur Welt kam. Was ich von den alten Dingen weiß, das weiß ich von meiner Mutter. Aber sie hätte ja auch meine Großmutter sein können. Meine Mutter wurde 1889 geboren. Am 21. Mai des nächsten Jahres könnte sie ihren 100. Geburtstag feiern.
Zwölf Jahre lang hatten sie und mein Vater keine Kinder. Und als sie gar nicht mehr damit rechneten, meine Mutter war 40, mein Vater 48 Jahre alt, da kam ich auf die Welt. Meine Mutter war todunglücklich, und als ich gar ein Bub war, noch mehr. Aber sie hat mir all ihre Liebe geschenkt. Und sie hat mir alles mitgeteilt, was sie von ihrer Mutter wußte. Vieles, was in unseren Sendungen angesprochen wird, und manches, wovon man weder schreiben noch sprechen kann: jenes Wissen, das eine Generation der nächsten mitteilt, die Mutter dem Sohn und der wieder der Tochter. Und manches hat meine Mutter mir nicht erzählt. Vielleicht, weil ich zu jung war, vielleicht weil es Dinge gibt, die eine Mutter auch nicht dem Sohn erzählen kann, die sie einer anderen Frau erzählt, die es zuletzt mit sich nimmt, hinüber, weil es keinen mehr interessiert. Oft hat meine Mutter zu mir gesagt: „Irgendwann mußt du ein Buch schreiben, über mein Leben. Ich werde dir dann alles erzählen." Aber sie hat es dann doch nicht getan. Sie ist zu früh gestorben, Mütter sterben immer zu früh, auch wenn sie ein biblisches Alter erreichen. Mutter war das fünfte von neun Kindern. Großvater war Zimmermann, er hatte ein winziges Gütlein in einem Seitenarm des Hexentals erheiratet: Vier Kühe, ein bißchen Land für die Kartoffeln und das Korn, Wiesen, ein paar Obstbäume, ein Streifen Wald. Alles steil, zu wenig zu Leben. Das notwendige Bargeld verdiente er als Zimmermann. Mein Urgroßvater war noch im Haus. Paul hieß er. Er hatte einen langen Bart. Er beherrschte magische Künste, und er erzählte an den Winterabenden seltsame Visionen einer kommenden Zeit („d' Wieber were Hose trage und Kutsche were ohne Pferd fahre und d' Lit were durch d'Luft fliege").
Meine Mutter hatte drei Brüder und fünf Schwestern. Als sie 16 Jahre alt war, kam sie in die Stadt, zur ältesten Schwester, die mit ihrem Mann einen Milchhandel betrieb. Sie mußte mit einem Handwagen Milchkannen durch Freiburg fahren zu den Häusern der Kunden, wo sie die Milch mit Meß-

bechern in die Milchkännle abfüllte. (Ich erinnere mich noch an den Milchmann, der zu uns kam.) Als die nächstjüngere Schwester nachrückte, lernte Mutter in einem Freiburger Restaurant kochen. Dann war sie auf dem Feldberger Hof Zimmermädchen und in Sasbachwalden. Als sie etwas mehr als 20 Jahre alt war, lernte sie einen jungen Buchdrucker kennen. Heiraten konnten sie nicht mehr, denn der Krieg begann. In einer Schachtel habe ich die Karten und Briefe meines Vaters aus vier Jahren Westfront: Großer Belchen und Verdun, wo eine ganze Generation die Verachtung des Lebens lernte. Als der Krieg vorbei war, heirateten meine Eltern. Zwölf Jahre später, wie gesagt, kam ich zur Welt. Nach weiteren dreizehn Jahren starb mein Vater, mitten im Zweiten Weltkrieg. Die Ersparnisse, die Lebensversicherung wurden von der Währungsreform geschluckt. Mit ihnen bezahlten meine Eltern den Traum vom großdeutschen Reich, den sie selbst nie geträumt hatten.

1966 starb meine Mutter. Sie war eine heitere Frau, die das Lachen liebte und den trockenen Scherz, die boshaft sein konnte in ihren Bemerkungen und scharf in ihrer Kritik. Als sie jung war, war sie schön und als sie alt war auch noch, anders halt.

Wenn es in der Verwandtschaft Probleme gab, dann sprach man mit ihr. Die Cousinen vor allem mit ihrem Liebeskummer. Sie war ein ruhender Pol in der Verwandtschaft.

Meine Mutter hieß Olivia. Wie kommt ein Bauernmädchen aus dem Schwarzwald zu einem solchen Namen? Als der Großvater zum Pfarrer kam und wieder einen der traditionellen Mädchennamen des Schwarzwalds (Marie, Anna, Rosa, Lina, Hilda usw.) anmelden wollte, schlug der Pfarrer auf den Tisch, nahm den Heiligenkalender, und so bekam das kleine Mädchen den Namen der Heiligen jenes Tages. Sie hat ihn stolz getragen, stolz auf die Andersartigkeit, denn sie war ein Individualist mit einem harten Wäldlerkopf. Ich verdanke ihr alles.

Register

Aal 51
Älplermakkaroni 90
Akne 20
Alet 51
Alexander der Große 108
Aminosäuren 95
Amselfelder Wein 80
Angina 13
Antonius, Hl. 119
Appenzeller 87
Appetitlosigkeit 23
Arterienverkalkung 22
Assam-Tee 71
Augenentzündung 21 f.
August der Starke, König von Sachsen 66

Backsteinkäse 78
Ballaststoffe 35
Barbe 51
Barsch 51
Béchamelsauce 137
Beeren 12 – 31
Beerenblättertee 24
Beerenlikör 20
Beerentraum 29
Beerenwein 20, 26
Beinwell 38
Berberitze 19
Blähungen 20
Blasenerkrankungen 23
Blattgemüse 33 – 41
Blauschimmliger Käse 87
Blutarmut 151
Blutreinigung 20 f.
Bodenkohlrabi 146
Böttcher 66
Boursin 87
Brachsme 51
Brandwunden 22, 150
Braunreis 109
Brechdurchfall 112
Brennessel 38
Brie 79, 87
Brombeerblätter 24
Brombeere 12 f., 19 f., 26
Bronchitis 21, 151

Camembert 79, 87
Cannelloni 134 f., 138
Cassis in Grappa 31
Ceylon-Tee 71
Chabis und Schaffleisch 104
China-Tee 71
Christentum 50
Christus 97, 119
Churer Beckibraten 105
Cutty Sark 66

Dampfnudeln 132, 140
Danish Blue 87
Darjeeling 67, 71
Delphine 47
Diabetes 21, 150
Dioscorides 13
Durchfall 21 ff.

Earl Grey 71
Edamer 78 f.
Edelfische 51
Eglifilet nach Zuger Art 53
Eierteigwaren 135
Eingemachter Randensalat 155
Eisen 36, 39, 49
Eiweißstoffe 95
Emmentaler 79, 81, 87
Erdbeerbaiser 28
Erdbeere 13, 16, 19 f.
Erdbeerkonfitüre 18, 24, 28
Erdbeerschaum 28
Erkältungen 22, 150

Fastenzeiten 37
Felchenfilet nach Zuger Art 53
Fettsäuren 48, 99
Fieber 21
Fischezeitalter 50
Fischsalat 56
Fischvögel 54
Fischvögel nordische Art 56
Flunder 52
Fondue 87
Forelle 52
Forelle blau 54
Formaggini sott' olio 88

Frischkäse 87
Frostbeulen 151
«Fuli Käsli» 79

Gallensteine 149
Gedächtnisschwäche 151
Gelbe Rübe 146
«Geli Ruebe» 147
Gervais 87
Gicht 13, 21, 23, 150
Glarner Schabziger 87
Gorgonzola 87
Gratin Dauphinois 89
Grippe 22, 150
Grüne Teigwaren 136
Gruyère 81, 87
Guter Heinrich 38

Haarausfall 21
Hämorrhoiden 22
Hals- und Rachenleiden 20
Halsschmerzen 23
Harnverhaltung 20
Hartkäse 87
Hautkrankheiten 20 f., 151
Hecht 51
Heidelbeere 15, 19, 21
Heidelbeerkonfitüre 18
Heidelbeerlikör 18
Hering 48
Herzbeschwerden, nervöse 22
Herzkrankheiten 150
Hildegard von Bingen 22
Himbeerauflauf 29
Himbeerblätter 24
Himbeere 13, 15, 19, 21
Himbeerkonfitüre 28
Himbeermarmelade 15
Hörnle 134
«Hofgrunder Schunken» 78
Holunder 19, 22, 26
Holundergelee 26
Holunderkonfitüre 26
Holundersaft 14
Holundersirup 25
Hüttenkäse 87
Hundebisse 22

Husten 21 f.

Innerschweizer Kaffee 73
Irish Stew 103
Italienischer Reis 111

Jägerhörnli 139
Jesus 50
Jod 36, 49
Johannisbeere 13, 16, 19, 22, 25 f.
Johannisbeergelee 18
Johannisbeerkonfitüre 18
Johannisbeerlikör 18
Johannisbeermarmelade 15
Johannisbeertorte 30
Johannisbeerwein 27
Johanniskraut 13
Jonas, Prophet 49

Käseharfe 82
Käsekarotten 154
Käsesoufflé 89
Käsleinen 82, 86
Kaffee 13, 60, 79
Kaffee-Ersatz 71
Kaffee-Pudding 74
Kaffee-Tortenfüllung 74
Kalium 36
Kalk 49
Kalzium 36, 80
Karotte 35, 144, 150
Karottenbrei 154
Karottenkonfitüre 155
Karottensalat 154
Karottensirup 154
Karpfen 51
Kehlkopfentzündung 151
Kehlkopfschmerzen 21
Kellernudeln 147
Keuchhusten 21, 23
Knoblauch-Marinade 103
Knollensellerie 150
Kobalt 36
Kohlrabi 150
Kohlrübe 150
Koliken 23
Kopfschmerzen 23, 30
Kräuter-Makkaroni 139
Krebsvorbeugung 151
Künzle, Pfr. Johann 8, 21 f.
Kulturheidelbeere 16

Lachs 48, 51
Lachs mariniert 57
Lamm-Pilaw, Balkan Art 105
Lammschulter 104

Langkornreis 111
Lapsang Souchong 71
Lasagne 135 f., 138
Leber- und Gallenbeschwerden 21, 151
Leberknödel 124
Limburger 78 f., 87
Linolensäure 99
Linzertorte 23 f.

Magen-Darmbeschwerden 20, 21, 23, 151
Magnesium 36
Makkaroni 133 f.
Makrele 48
Malzkaffee 13
Mangold 38, 149
Manna 110
Maria 50
Marinierter Fisch 55
Marmelade 13 ff.
Meerrettich 148 ff.
Menstruationsbeschwerden 151
Migräne 23, 30, 72
Milchreis 111
Mineralsalze 38
Mineralstoffe 35, 49, 109
Mistel 22
Möhre 148
Mohammed, Prophet 60
Mokkacreme 73
Mousse au Café 74
Münsterkäse 80, 87
Mundfäule 151
Mundgeruch 21
Muscheln 134

Nachtblindheit 151
Nase 51
Nasenbluten 21
Naturreis 109
Nervosität 20
Neuguinea 120
Neuseeländischer Spinat 38
Nieren-Blasenerkrankungen 23, 150
Nudeln, 130, 135 f.
Nudeln mit Mascarpone 138
Nudeln mit Nüssen 137

O-Kaffee 69
Oannes 50
Ohrenschmerzen 22
Opfer 96 f.
Opium 66
Ostern 97 f.

Paddyreis 109
Pantothensäure 35
Parboiled Reis 109 f.
Parmesan 81, 87
Pastinake 149 f.
Patnareis 111
Phosphor 49, 53
Polenta mit Gorgonzola 91
Preiselbeere 19, 23

Quellreis 110 f.

Rachenschmerzen 21
Raclette 87
Radieschen 147
Ragù bolognese 137
Rahne 149
Rande 150 f.
Ravioli 135
Reis 108 – 115
Reisbrei 110
Reissalat Tante Annie 112
Reisschleim 112
Rekonvaleszenz 21, 151
Rettich 145, 150 f.
Rezzori, Geza von 119
Rheuma 13, 21 ff., 150
Rillettes de Porc 123
Risotto 111
Risotto nero 114
Rispor 113
Roquefort 81, 87
Rotauge 51
Rotaugen in Weinessig 56
Rote Bete 149 ff.
Ruchfisch 51
Rüebli 148
Rundkornreis 111

Sardine 48
Sauerampfer 38
Saure Rüben 147
Sbrinz 81, 87
Schabziger-Hörnli 91
Schachtelkäse 88
Schachtelkäsli-Schnitten 90
Schafgarbe 13
Schinkenmousse 127
Schlachtfest 120
Schlaflosigkeit 22
Schlangenbisse 13
Schleie 51
Schmelzkäse 88
Schnellkochreis 109
Schwangerschaft 21 f.
«Schwarztee» aus Beerenblättern 24

159

Schwarzwurzel 149f.
Schwein 118–127
Schweinebraten mit Milch 124
Schweinshaxen 125
Schweinskotelett mit Parmesankäse 90
Schweinsleberröllchen 126
Schweinsschnitzel mit Äpfeln 126
Schweizer Käse 79
Seezunge 52
Sellerie 149
Selleriesalz 154
«Siasi Ruebe» 147
Silvana Mangano 109
Sodbrennen 151
Spätzle 132ff.
Spaghetti 133ff.
Spaghetti Fischerart 136
Spinat 36, 38f.
Spinatbällchen 39
Spinatsalat 40
Spurenelemente 109
Stachelbeere 19
Steckrübe 146
Stielmangoldauflauf 40
Süß-saures Schweinefleisch mit Stangensellerie 125
Taubenkropf 38

Taubnessel 13
Tee 13, 60
Tee-Eis 75
Teigwaren 130–141
Teigwarenkroketten 138
Thunfischpastete, Urgroßmutterart 53
Tilsiter 87
Tomatensauce 136
Topinambur 149ff.
Tortellini 139
Toskanische Leberröllchen 126
Trockenreis 111
Trüsche 51

Umlauf 22

Vacherin 87
Vanille-Tee 75
Verdauungsstörungen 21
Verletzungen 20
Vitalstoffe 35f., 110
Vitamine 35f., 38, 49, 109
Vogelbeere 19
Vollreis 109
Vollwertreis 109

Walderdbeeraroma 29

Walderdbeerblätter 24
Wassermannzeitalter 50
Wassersucht 151
Weichkäse 87
Weinbeize 104
Weißdorn 19
Weißfisch 51
Weißreis 109
Wilder Reis 109
Wunden 20
Wurmbefall 151
Wurzel 151
Wurzelgemüse 146–155
Wurzelgemüse, gedünstet 152
Wurzelpetersilie 150
Wurzelsülze 152
Wurzelsuppe 153

Zahnfleischentzündung 13, 21
Zahnschmerzen 21, 151
Zander 51
Zen 65
Ziger 86f.
Zimmes 35
Ziporo 99
Zitronen-Marinade 103